LA CAVALERIE MODERNE

LA

CAVALERIE MODERNE

PAR

LE COLONEL MORENO

TRADUIT PAR E. T.

Avec l'autorisation de l'Auteur.

PARIS
LIBRAIRIE MILITAIRE, MARITIME ET POLYTECHNIQUE
J. CORRÉARD, Éditeur
3, BOULEVARD SAINT-ANDRÉ, 3
Maison de la fontaine Saint-Michel.

1865

LA CAVALERIE MODERNE

> La cavalerie doit avoir le sentiment qu'elle est destinée à l'exécution d'actions extraordinaires sur le champ de bataille.
>
> (DECKER).

Les auteurs qui ont écrit sur la milice, ont confondu les termes d'*art* et de *science* de la guerre, se servant d'eux indistinctement; les uns, pour ne pas accéder à leur définition philosophique et rationnelle, et d'autres, pour suivre l'habitude des précédents auteurs et se rendre plus intelligibles.

Par malheur, au lieu d'arriver à leur but, ils se sont faits chaque fois plus diffus, et fréquemment ont donné origine à d'interminables polémiques qui pouvaient facilement s'éviter en fixant la valeur des termes dont on s'est servi.

Il est hors de doute que la science et l'art soient deux choses distinctes : la première est un ensemble de principes qui peuvent appartenir à l'ordre moral ou à l'ordre physique, selon la science dont il se traite; le second, c'est-à-dire l'art, est la manière d'appliquer convenablement ces principes. non tous à la fois, mais les nécessaires, pour arriver à un objet déterminé. De là, on déduit que l'un peut s'acquérir par tous ceux qui sont dotés d'un entendement régulier, au lieu que l'autre requiert un talent clair, souvent extraordinaire, selon les éléments physiques ou moraux, ou tous les deux à la fois, qui doivent entrer en combinaison pour arriver à la fin proposée.

Aucun art n'est plus difficile que celui de la guerre, et, pour cette raison, il n'a fait surgir qu'un nombre d'hommes fort restreint.

Mais il est bon de noter que ceux-ci ont commencé par mesurer la base qui a servi de fondement à leur conception, ou, ce qui est le même, la partie scientifique; et là, ils ont eu à leur disposition des instruments plus perfectionnés, dont ils ont fait usage selon les circonstances, contraignant ainsi la victoire à se ranger de leur côté.

Aujourd'hui, nous nous trouvons dans une situation entièrement exceptionnelle.

Depuis Napoléon Ier, il n'est apparu aucun de

ces génies de premier ordre qui, se servant des progrès des sciences ou leur donnant une impulsion, ont par leurs actions soulevé le voile épais dont les secrets de l'art s'enveloppent.

Notre siècle, siècle d'action, de prodigieuses découvertes dans l'industrie et dans les arts, a mis à la disposition du monde militaire beaucoup d'éléments autrefois inconnus, ou sur lesquels l'attention ne s'était pas fixée ; éléments dont il n'est pas possible de se séparer, parce qu'ils s'appliquent aux usages ordinaires de la vie, et desquels tous désirent se servir sans savoir comment ils peuvent le faire avec une convenable mesure.

De là, résulte une révolution complète dans les idées, et, comme conséquence, une multitude de systèmes, les uns complètement opposés entre eux, tous espérant recevoir la sanction des faits et de l'expérience.

Il est digne de noter que les auteurs de ces systèmes, en vue de les traiter sur un terrain entièrement spéculatif et unique où ils puissent se mouvoir, s'appuient sur les faits passés et cherchent dans les guerres antérieures, et particulièrement dans celles du Consulat et de l'Empire, les exemples pour fonder leur théorie, sans accorder que les dates étant distinctes, la question doit être précisément résolue d'une autre manière.

Ainsi, comment comparer l'effet des nouvelles armes rayées et celui de celles qu'avaient les soldats de Napoléon et de Frédéric? Comment supposer aujourd'hui possible, à cause du télégraphe et de la publicité que la presse donne aux actes du gouvernement, la manœuvre enveloppante de Ulm ; et, prenant la question dans un autre sentiment, comment aurait-il été possible à Napoléon de lancer à l'intérieur du Piémont une masse si nombreuse de forces en un espace de temps si court, comme le fit Napoléon III dans la campagne de 1859?

Le télégraphe, la vapeur, les armes rayées : voilà les dates d'où il est nécessaire de partir.

Feront-elles varier la partie la plus élevée, c'est-à-dire la stratégie? Quelle organisation faudra-t-il donner aux troupes en particulier et aux exercices en général?

La tactique ancienne conviendra-t-elle, ou sera-t-il nécessaire d'en créer une nouvelle?

Quel doit être le système de recrutement, d'éducation, d'instruction des troupes?

Quelle réserve devra-t-on tenir?

Sur quelles bases devra-t-on fonder les lois de récompenses et les lois pénales?

Ces questions, et beaucoup d'autres qu'il n'est pas nécessaire d'énoncer à nos lecteurs, se présentent à la fois au champ de la discussion, donnant matière pour que tous ceux qui portent une véritable affection à la milice, exercent leur talent et leurs lumières, et entraînent les jugements plus ou moins indulgents de la critique, avec le désir de rencontrer la vérité, ou pour le moins de l'approcher.

Mais toutes ces questions, par leur importance même, par la multitude de connaissances qu'elles exigent, doivent se traiter séparément, sans perdre de vue le lien qu'elles ont entre elles, pour former un tout homogène et harmonieux.

Nous, nous avons choisi ce qui a trait à la cavalerie, qui, assurément, n'est pas la moins débattue et la moins importante; mais comme nous ne nous trouvons pas dans de suffisantes conditions pour la résoudre, nous nous contenterons de rendre compte des solutions séparées qui ont été données par des écrivains étrangers, en déduisant nos idées propres, avec l'unique objet d'ouvrir une lice à la discussion digne et raisonnée, dans laquelle d'autres plus compétents rencontreront, sinon toutes, mais quelques-unes des principales solutions qui doivent se donner en général, et au profit de l'Espagne en particulier.

I

Les principales questions qui ont été proposées sur la cavalerie sont les suivantes :

Le rôle qu'elle a joué relativement aux autres armes, doit-il être moindre?

Quelle organisation conviendra-t-il de lui donner? Quel sera son armement?

Sera-t-elle toute convertie (ou seulement une part) en fusiliers à cheval?

Quelle relation est-il nécessaire d'établir, en général, entre la cavalerie et l'infanterie dans la composition des corps?

De quelle manière entrera-t-elle dans l'organisation de ces mêmes corps?

Se répartira-t-elle en parties égales entre les corps de l'armée et les divisions, ou bien laissera-t-on comme réserve de grandes masses de cavalerie, pour faire ces efforts décisifs qui donnèrent de si grands résultats à Napoléon et à Frédéric?

La première question, comme plus importante parce qu'elle renferme ce problème, à savoir : Si on doit conserver la cavalerie comme arme, ou bien la réduire à un accessoire insignifia[illegible] débattue avec une grande chaleur.

Depuis l'enthousiaste baron d'Azemar, qui conclut son livre (1) en disant qu'aujourd'hui, comme autrefois, l'avenir des empires dépend de l'avenir de la cavalerie, jusqu'à M. Hugonnet (2), suivant lequel « *la cavalerie est l'arme des peuples barbares, par conséquent son importance doit diminuer, et presque disparaître, avec les progrès de la civilisation*. Une multitude d'opinions plus ou moins favorables se sont manifestées.

Il est à noter, nonobstant, que quelques-uns de ceux qui ont soutenu les opinions plus extrêmes, s'entendent sur un point en particulier.

Les uns et les autres reconnaissent que, tandis que les nouvelles armes ont produit dans l'infanterie une plus grande exactitude dans le tir, plus de

(1) *Avenir de la cavalerie.*
(2) *Spectateur militaire.*

mouvement, une tactique plus parfaite, et par cela même ont augmenté sa force offensive et défensive, la cavalerie qui persiste à être stationnaire depuis une centaine d'années, ne manque que d'un élément nouveau qui serve pour résister aux progrès récents des autres, non pas seulement par cette conséquence de la réduction faite par la plus grande partie des États dans le temps du service, — mais les modernes soldats n'ont pas une complète instruction, l'aptitude ancienne pour l'arme; les chevaux mêmes, rendus vicieux par le continuel changement de cavaliers, qui disparaissent avant de les savoir gouverner, n'ont ni la vigueur, ni les conditions de ceux des autres temps.

Il paraîtra étrange que tous, convenant de ces vérités qui sont justes et patentes, diffèrent d'une manière si notable dans les conséquences qu'ils en déduisent.

La différence est dans ceci, que, remémorant la brillante histoire de la cavalerie, ils croient pouvoir la doter d'une instruction, d'une mobilité, d'une force individuelle et d'un ensemble très-supérieur à ce qu'elle a eu en ses meilleures époques. — Au point qu'ils nient que les nouvelles armes à feu produisent dans la pratique des effets aussi destructeurs, que la théorie prétend le démontrer. — Quelques-uns ont essayé de prouver, que l'exactitude du tir, par le défaut d'instruction des fantassins, était très-loin de satisfaire aux conditions que l'on pourrait exiger de l'armement actuel; tandis que les autres, rabaissant peut-être la valeur des éléments moraux et matériels de la cavalerie, et portant aux nues ceux des autres armes, finissent par conclure en la réduisant à une nullité presque complète.

Comme les dernières guerres de Crimée et d'Italie ne se sont pas faites dans des conditions convenables pour en déduire des exemples qui servent d'appui à n'importe laquelle de ces théories que nous pourrions appeler radicales, il s'ensuit que la polémique continue, — et il est possible qu'elle se prolonge jusqu'à ce que l'expérience donne raison à qui le mérite.

Mais, tandis que les faits mêmes prononcent leur arrêt dans cet intéressant procès en litige, il y a grande utilité à le soutenir, quel qu'il soit; en définitive, certaines modifications nécessaires apparaîtront, d'une manière visible, dans l'instruction des hommes et des chevaux, dans l'armement, l'équipement, la monture, la tactique, etc., etc., – modifications qui, le jour du combat, produiront d'immenses avantages qu'on peut ici seulement consigner, et qui illustreront la question et prépareront les intelligences à les résoudre avec toute assurance.

Ainsi, après, pour fixer les idées, commencerons-nous par étudier les difficultés matérielles que les canons et les carabines rayées opposent à ce que la cavalerie puissent exercer son action, par masses plus ou moins considérables, sur le champ même du combat; document de la plus grande importance, sans doute, parce que si nous supposons bonnes les conditions d'hommes et de chevaux, la puissance destructive des armes à feu fut telle, avant de faire usage de l'arme blanche, que l'action de la cavalerie devait se considérer comme nulle; il serait nécessaire de la réduire aux services des avant-postes, des découvertes, des détachements, lui contestant tout poids sérieux.

Pour fonder notre raisonnement sur des dates connues, nous comparerons les anciennes et nouvelles armes à feu avec ce qui a quelque relation avec la portée et l'exactitude du tir.

La portée de l'ancien fusil de munition était de 400 mètres; son but, tracé en blanc, était à 100;

à 150 mètres, sa dérivation moyenne était de 60 centimètres, et l'extrême 1 m. 70 ; à 400 mètres, 6 m. 50 et 25 respectivement. En raison de la très-petite courbe de sa trajectoire, les tirs étaient sûrs dans le sens vertical jusqu'à 170 mètres pour les uns.

Selon les expériences faites de 1846 à 1849, à Saint-Omer, à 100 mètres, elles donnèrent 47 pour cent sur un tracé blanc de 2 mètres de hauteur et 0 m. 57 de large ; à 175 mètres, 20 pour cent ; à 400 mètres, 7 pour cent en un blanc de 2 mètres de haut et 3 m. 99 de large.

De l'examen de tous ces chiffres, on peut conclure : 1° Que, à 150 mètres, il n'y a pas de sécurité pour un groupe de trois fantassins ou de deux cavaliers ; 2° que, à 400, il n'y en a pas non plus pour un escadron formé en bataille ; 3° que le fusil de munition n'a pas suffisamment de régularité dans son tir pour les tireurs et qu'il manque absolument à 175 mètres ; 4° que, à 400, il ne l'a pas non plus pour le combat en ligne ; 5° que, à 100 mètres, il doit être très-efficace contre les masses.

Les carabines rayées ont une portée de 1400 mètres ; leur but est à 150 ; ses déviations latérales sont insignifiantes ; son tir, en supposant qu'il y ait hausse, est redoutable à 1000 mètres ; à 500, il a beaucoup plus d'exactitude que celui du fusil ordinaire à 150 ; mais, en échange, la grande courbe de sa trajectoire lui rend beaucoup plus difficile les distances plus courtes que celle du point au but.

A 75 mètres, la balle passe à 40 centimètres plus haut que le point visé ; à 50 mètres il y a une différence de 30 centimètres dans le même sens ; tandis que tirant avec le fusil ordinaire, dont le but en blanc est, comme nous l'avons dit, à 100 mètres, à 50 et 75 la balle s'élève à 8 et 9 centimètres au-dessus de l'objet.

De cela, on peut déduire qu'à des distances moindres que celles du point en blanc, le fusil de munition est préférable à la carabine rayée, si, comme il arrive ordinairement, on n'a pas fait acquérir au soldat une grande pratique dans le maniement de la dernière, en tirant sur des buts fixes. Le siége de Rome, en 1849, en fournit un exemple notable : Les chasseurs français avaient tiré avec beaucoup de précision à des distances de 200 et 300 mètres ; mais, quand ils se rapprochèrent des murailles à une distance de 50 à 75, il arriva que leurs carabines ne produisaient aucun effet ; il les changèrent contre des fusils de munition, avec lesquels ils obtinrent des résultats beaucoup meilleurs.

A de grandes distances, on ne peut comparer ceux de l'une ou de l'autre arme. Pour que ceux qui ne sont pas fixés sur la matière puissent se convaincre, nous citerons une expérience faite à Hythe (Angleterre) :

On nomma, pour la réaliser, 35 soldats, et à chacun furent données 30 cartouches qu'on devait tirer contre deux blancs qui représentaient l'étendue de front d'un peloton de 35 files ; l'un d'eux était de fer pour que les balles ne pussent le traverser ; le second se plaça à 50 yards (le yard représente 91 centimètres), derrière celui-là, de manière qu'ils représentaient le premier et le dernier peloton d'un bataillon de 600 hommes serrés en masse compacte. « On rechercha, dit M. Gaugler de Gempen (1), les circonstances les moins favorables de la manière suivante : 1° On choisit un jour où il fesait beaucoup de vent, et où ce vent se dirigeait dans une ligne oblique à celle du tir ;

(1) *Essai d'une description de l'armement rayé de l'infanterie européenne.*

2° dans les deux heures qui précédèrent le tir, les soldats firent les manœuvres de la tactique de chasseurs sans avoir aucun repos ; 3° on avait fait des tirs sans balle avec les carabines, afin de les graisser ; 4° on avait placé les blancs sur des cailloux pour que les rebondissements fussent moins favorables que sur le sol commun ; 5° le terrain où ils furent pour les expériences n'avait jamais servi à des exercices et avait un aspect, une conformation toute différente de celui du champ de manœuvre ordinaire ; les blancs étaient au bord de la mer, de manière qu'il n'existait aucun point qui put servir à rectifier le tir ; 6° en touchant les cailloux, les balles ne soulevaient aucune poussière qui put également servir pour une rectification ; de plus, le bruit du vent empêchait d'entendre celui de la balle touchant le blanc.

« Le peloton fut conduit par un terrain où il ne pouvait voir les blancs qui étaient cachés par une élévation ; quand on les découvrit, la première section se déploya en tirailleurs, laissant la seconde en réserve, et celle-là rompit le feu à une distance, qui depuis, fut reconnue être de 820 yards (749 mètres). Quand chaque soldat eut brûlé dix cartouches, la troupe avança, faisant feu, et, de cette manière, chacun tira dix autres coups. A 550 yards (503 mètres), elle fit halte, et l'on acheva de consumer les munitions de pied ferme.

« Alors, la première section fut relevée par la seconde qui brûla 10 cartouches de pied ferme (550 yards) et 10 autres faisant feu en se retirant jusqu'à 800 yards, et enfin les dernières furent brûlées de pied ferme à cette distance.

« Le résultat fut le suivant : sur 1000 tirs 379 coups portèrent dans le premier blanc, et 238 dans le second ; en tout un 58 pour cent. »

La même expérience s'est faite à Hythe, tirant à 610 yards (557 mètres) sur des blancs qui représentaient des pièces de campagne avec leurs attelages. Un peloton de 60 hommes, sur lesquels 23 étaient de première classe, tira pendant deux minutes. Il fut brulé 120 cartouches (2 par soldat), et l'on fit 37 buts de cette manière ; des 12 chevaux qui étaient représentés, 10 reçurent 30 projectiles ; des 12 hommes, 7 portaient des marques de balle ; et cela sans compter celles qui se trouvaient dans les pièces et les avant-trains.

A 810 yards (740 mètres l'on obtint le suivant, en faisant le même feu ; 150 balles furent tirées en 3 minutes par les 60 hommes ; 10 chevaux sur les 12 reçurent 26 balles, et 6 hommes sur les 12, 8.

Dans ce cas, il en résultera ce rapport de 31 pour cent pour le premier, de 23 pour le second, dans le chiffre du tir.

On ne peut maintenant comparer, avec exactitude, les expériences de Saint-Omer et de Hythe, ne les ayant pas vérifiées dans des conditions distinctes ; cependant le résultat ne laisse pas que d'être lumineux pour se former une idée comparée de l'effet de l'ancien fusil et de la nouvelle carabine.

Si l'on met en compte que même lorsque les buts étaient meilleurs, la seconde fois, les autres conditions étaient plus défavorables, l'équilibre est établi pour la totalité, et, dans ce cas, il résulte que tandis que le fusil seul donna 7 pour cent des tirs à 400 mètres, de 500 à 750 touchèrent avec la carabine 58 pour cent contre le but de l'infanterie, et 31 et 23 pour cent contre ceux de l'artillerie, à 557 et 540 mètres.

On ne doit, en vérité, oublier que ces résultats, en temps de paix, avec une troupe choisie, qui sait bien manier les armes rayées, ne peut se prendre comme un type en temps de guerre.

Nous avons déjà dit que la grande courbe que comporte la trajectoire des nouvelles armes produit de grandes erreurs dans le tir.

Une fausse appréciation de 30 mètres suffit à une distance de 500 pour ne pas donner à un objet plus de 3 d'élévation.

Chaque 100 mètres, il est nécessaire de varier l'élévation et de pointer à une hauteur plus ou moins grande, et le soldat, qui se trouve au front de l'ennemi par l'excitation que produit le combat, la fumée, la poudre et mille autres choses, ne se trouvera pas dans de bonnes conditions pour remplir toutes celles que requiert le tir, et obtenir le résultat que donne la théorie.

Ces résultats ont fait croire à quelques personnes que les temps de la cavalerie sont passés et qu'il est nécessaire d'abolir complètement celle de ligne comme celle de réserve, pour cette raison que l'infanterie possède beaucoup de sécurité dans le tir pour détruire l'une et l'autre, avant que celles-ci puissent exercer leur action à l'arme blanche.

Pour le prouver, on a supposé la charge d'un régiment de 500 hommes contre un autre d'infanterie de 1000 ; les deux formés en bataille ; et, comme les carabines rayées ont une portée supérieure à 1000 mètres, on a calculé que la charge agit à cette distance.

Dans les 4 minutes que la cavalerie met à arriver, les fantassins auront préparé deux fois leurs armes (trois par minute) et jeté 1200 balles sur les cavaliers, desquels un seul ne peut rester pour croiser les armes contre ses adversaires.

Il est nécessaire de convenir que les conditions de la charge étant telles que nous les avons supposées, le résultat est complétement logique, mais dans la pratique il varie beaucoup.

Un régiment de cavalerie ne charge pas une infanterie fraîche et dans une bonne position, sans avoir préparé son attaque avec le feu de l'artillerie ; il ne marche pas au combat en ligne, mais en colonne, à distance, avec laquelle, bien qu'on n'expose pas tous ses soldats au feu dans le même instant, on produit un effet moral et matériel qui a une grande influence dans le résultat ; l'infanterie ne se forme pas pour la recevoir en bataille, ou en carré ; par ce genre de formation, la moitié des soldats ne peuvent faire feu sur ceux qui attaquent ; la direction de la portée est oblique, par rapport au front de la troupe, parce que les cadres s'attaquent par les angles, et aussi l'exactitude du tir est bien moindre, la distance où se peut rencontrer la cavalerie étant continuellement variable ; or, cela produit une autre erreur de considération, parce que le soldat n'a pas, dans ces moments, une sérénité suffisante pour diriger le tir et frapper où il convient ; on ne doit pas oublier que par la grande courbe de la trajectoire à 500 mètres une fausse appréciation de 3 mètres sur la distance est suffisante pour ne pas donner à un objet moins de 3 mètres d'élévation ; nous avons déjà dit qu'avant l'excitation que produit le combat, la fumée, la poudre, le défaut d'instruction dans le tir, si commun chez les soldats de ligne, et mille autres causes, produisent dans la pratique un résultat très-différend de celui que donne la théorie.

Les guerres de Crimée et d'Italie, pour des raisons connues de tous, ne donnent pas des faits suffisants pour que par elles on puisse se prononcer sur cette importante question avec quelque espérance de raison.

Mais quand, eu égard à cet objet, on comprendra la différence qui existe, non-seulement entre la théorie et la pratique, mais entre différents faits, et quand les calculs peuvent faillir, si on ne met pas en ligne de compte toutes les conditions, nous mettrons sous les yeux de nos lecteurs le résultat de deux combats d'infanterie contre la cavalerie, quand celle-ci ne portait que des fusils lisses, quand celle-là qui, au jugement de certains écrivains militaires, avait le même fusil dans les fonctions ordinaires de la guerre.

A Iéna (1806), Ney avait deux régiments d'infanterie et deux de cavalerie légère, quand il fut attaqué par trente escadrons prussiens soutenus par une batterie.

Après avoir formé ses cadres, il laissa s'approcher les ennemis à la distance de 30 pas sans brûler une cartouche.

Alors il fit feu, laissant le terrain couvert de morts et de blessés.

Cette attaque s'étant répétée plusieurs fois, Ney répéta aussi la même manœuvre avec un égal succès.

En 1815, le colonel Bugeaud, depuis maréchal de France, rencontra avec son régiment un nombreux corps autrichien. Il prévint ses soldats de ne point faire feu avant qu'ils ne fussent très-près de l'ennemi. « Arrivé, dit-on, à quarante pas, il fit une décharge qui jeta à terre, comme coupée par une faux, toute la tête de la colonne.

L'ennemi fut un moment indécis, craignant d'entrer dans ce bois de bayonnettes; mais à ces mots : *En avant!* dits par le colonel, les soldats, suivant l'exemple du capitaine de grenadiers, couvrirent instantanément les rues de monceaux de morts. »

Ces exemples prouvent le grand résultat qui peut s'obtenir du fusil de munition quand on le manie avec tranquillité et assurance, et bien certainement, celui-ci a eu des succès si rares, que le maréchal de Sajonia supposait illusoire le feu de l'infanterie, qu'il appelait *tirerie*, optant pour le combat à l'arme blanche, disant que la balle est folle et la bayonnette prudente.

Guibert croyait que sur 5000 cartouches, on profitait à peine de 2000 sur le champ de bataille; Gassendi faisait monter à 3000 coups le nombre nécessaire pour mettre un homme hors de combat; Piobert et Decker opinent que sur 10,000, un seul a porté, et cela calculé avec le feu de l'artillerie. De tels jugements, formés après avoir fait une étude profonde de nombreuses campagnes, indiquent, d'une manière évidente pour notre esprit, le peu de confiance qu'on doit avoir dans la théorie ou quelques combats exceptionnels. Pour cette raison, nous sommes loin de croire que les nouvelles armes de l'infanterie ont annulé l'action de la cavalerie pour combattre par masses, et l'ont réduite, comme le croient quelques-uns, à l'unique service des troupes légères.

« J'ai la conviction, dit le général Renard (1), qu'à un certain point de vue, et surtout de régulariser les charges de cavalerie, les anciennes armes valaient mieux que les nouvelles. »

Dans la dernière guerre d'Italie, l'infanterie autrichienne portait des fusils rayés, et aussi beaucoup de corps français, et nonobstant le général de division Trochu recommandait à ses troupes, au moment d'entrer en campagne, que, pour résister à la cavalerie, ils chargeassent leurs fusils avec deux balles, et quand l'ennemi se trouva à quarante pas, ils firent feu et croisèrent la bayonnette.

L'Empereur, dans la proclamation qu'il fit à ses soldats dès son arrivée à l'armée, leur dit ceci : « Les nouvelles armes de précision ne sont dangereuses que de loin et n'empêcheront pas que la bayonnette ne soit à cette heure, comme en d'autres temps, l'arme terrible de l'infanterie française. »

(1) *De la cavalerie*. Bruxelles, 1861.

On déduit de ceci, qu'en adoptant en général les mêmes principes que le maréchal Bugeaud, et le souverain rappelant ceux de son illustre devancier, était loin de concéder au feu de l'infanterie le pouvoir de détruire l'ennemi avant d'en arriver aux mains, et implicitement, ils recommandaient que l'emploi des différentes armes dans le combat devait être pareil à celui qu'on leur donnait pendant les guerres de la Révolution et de l'Empire.

Le résultat de la campagne a prouvé que les fusils rayés sont beaucoup moins meurtriers que certains ont pu le croire. L'auteur de l'écrit intitulé : *Die cavalerie der Jetztzeit* (1), qui certainement n'est pas un grand défenseur de la cavalerie, a trouvé la proportion suivante dans les pertes souffertes pendant les principales batailles de ce siècle :

A Austerlitz, la perte des Français fut de 14 % de leur force (0,14) ; celle des Russes, 0,30 ; celle des Autrichiens, 0,44.

A Averstaedt et Gênes, les Prussiens et les Saxons perdirent 0,32 avec les prisonniers, et les Francais 0,03.

A Wagram, les Autrichiens 0,14; les Français 0,13.

(1) Leipzig, 1860.

A Aspern, les Autrichiens 0,26 ; et les Français entre morts, blessés et prisonniers, 0,76.

A la Moskowa, les Russes perdirent 0,44, et les Français 0,37.

A Bautzen, les Français 0,13, et les Russes et Prussiens 0,14.

A Leipsick, les Français 0,11, et les alliés 0,14.

A Waterloo, 0,36, et 0,31 les alliés.

A Magenta, les Autrichiens 0,08, et les Français 0,07.

A Solferino, où l'on fit usage des armes rayées comme à Magenta, les Autrichiens perdirent 0,08 entre morts et blessés, et les Franco-Sardes 0,10.

II

De la discussion antérieure on peut déduire, selon notre jugement, que les armes rayées ne sont pas plus dangereuses que les lisses pour régulariser les charges, et que par conséquent l'action de la cavalerie sera la même qu'avant, et ainsi, les lanciers et les cuirassiers doivent conserver leurs institutions passées ; mais comme en elles, pour la rendre plus exacte, nous avons jugé de l'effet que de loin les nouvelles machines de guerre peuvent causer avant le moment de la charge, il convient d'étudier l'usage qu'il se peut faire d'elles dans ce cas.

La question étant considérée sous ce point de vue, nous ne pouvons moins faire que de reconnaître que les armes à feu ont étendu de telle manière leur action destructive, qu'elles donnent lieu à douter si elles ont annulé complètement la cavalerie. Parce que pour employer cette arme, qui est celle du moment, il est nécessaire d'être proche de l'ennemi ; il faut aussi économiser la force des chevaux pour le choc ; mais, si avant cela, elle peut être anéantie par l'infanterie et l'artillerie, il est clair qu'il conviendra de supprimer les institutions dont la mission est de combattre en ligne.

Déjà nous avons dit que à 1000 mètres, et tenant le tir élevé, le coup des carabines est à peu près sûr, et que, à 500, il l'est davantage que celui de l'antique fusil à 150.

La grosse artillerie rayée lance ses projectiles à 8000 mètres, et les canons de campagne (pièce de 4) des Français, arrivent à 5000 pas.

A Solferino, l'artillerie de Mac-Mahon rompit le feu à 3500 pas avec un excellent résultat (1).

Ce maréchal se plaçant à neuf heures et demie du matin à Cascina-Mornio, et à cheval sur la route de Guidizzolo, plaça devant la ligne des tirailleurs une batterie de 24 pièces ; ces tirailleurs firent feu contre de fortes colonnes autrichiennes qui s'étaient approchées à 2000 pas, et l'effet de la batterie fut terrible ; les projectiles atteignirent les réserves ennemies, et les colonnes durent arrêter leur mouvement.

Mais il n'y a pas de médaille qui n'ait son revers.

Le tir, à des distances si considérables, offre beaucoup d'inconvénients ; la vélocité initiale du projectile est peu considérable, la portée très-élevée, et, pour cette raison, et aussi par la forme du projectile, il n'y a pas rebondissement, de manière qu'il ne frappe que les objets rencontrés sur sa route même : l'appréciation des distances qui est souvent plus difficile quand elles sont plus grandes, produit de fortes erreurs dans l'exactitude du tir, et donne le moyen de diminuer beaucoup ses

(1) *L'exercice français sur le champ de manœuvre et en campagne.*

effets, si on la fait changer continuellement, et si l'on forme les troupes en lignes de colonnes peu profondes.

On ne doit pas oublier, non plus, que sur le terrain de la pratique, les batteries ne tirent pas toujours contre les troupes, mais que, plus d'une fois, elles dirigent leur feu contre les batteries de l'ennemi.

D'un autre côté, il est très-rare le champ de bataille qui n'offre dans le terrain aucune ondulation suffisante pour mettre à couvert la cavalerie, jusqu'au moment où son action est nécessaire.

En dernier lieu, je dis que, à considérer ces hypothèses, si le canon ennemi peut détruire de loin la cavalerie, la même chose doit arriver à la première et à la seconde ligne d'infanterie, à la réserve, et, dans ce cas, il faudrait considérer l'artillerie comme l'arme décisive des batailles, et réduire aussi l'infanterie au strict nécessaire, la mettant au service des troupes légères.

Non-seulement les essais faits sur les champs d'instruction, mais encore certains cas pratiques très-éloquents des dernières guerres, donnent les meilleures preuves contre cette conclusion contraire à la raison.

Il est nécessaire de ne pas oublier que l'artillerie a un ennemi terrible dans les tirailleurs, auxquels il faut supposer une certaine adresse dans le maniement de leur arme. Placés en avant, les dispersant comme le demande l'ordre habituel du combat, cachés par les moindres accidents du terrain, profitant des moments opportuns, ils peuvent détruire le berger et le troupeau sans que l'artillerie ait des moyens propres de défense à la distance de 800 à 1000 pas, ou la mitraille n'arrive pas parce que le but n'est pas suffisant pour ses projectiles.

Le baron de Restaing, dans son supplément au *Nouveau système militaire moderne*, dit : « Il est facile de voir que vingt carabiniers qui tirent bien, suffiront pour empêcher qu'une batterie de seize pièces, qui tient à son service 204 hommes, 216 chevaux, et une escorte de 100 à 150 cavaliers, ne circule dans les chemins ou sur le champ de bataille, parce que, se conservant hors de l'action produite par les cartouches à balle des canons, ils tueront impunément ou mettront hors de combat tous les servants de la pièce.

« Les obus de la batterie seront d'un médiocre secours pour la défendre, et n'éviteront pas sa destruction et sa ruine. »

Le général prussien, auteur d'un écrit intitulé : *Observations à la brochure du général Jomini,* s'exprime dans ces termes : « L'artillerie, dont l'importance fut si grande au temps de Napoléon Ier, *fut menacée d'être éclipsée par les nouvelles armes.* La légère, au moins, est restée en second lieu, et les mouvements de la grosse donneront des occasions à l'infanterie pour lui causer des pertes considérables.

« Aujourd'hui Napoléon ne pourrait dire que l'artillerie décide le sort des batailles, la faisant arriver impromptu à un point donné et en grand nombre; — parce que, comment lutterait-elle contre une infanterie, qui, à 1000 mètres, blesse tous les servants avec le même succès que l'ancienne à 200? »

« A la distance de 1000 mètres, dit M. Léon Marés (1), l'artillerie sera à la merci des tirailleurs, parce qu'elle présente un plus grand objet. »

Nos lecteurs n'auront pas oublié les essais faits à Hythe contre un but qui représentait une batterie; ils confirment notre opinion et celle des auteurs cités.

(1) *Des nouvelles armes rayées.* Paris, 1860.

Et si l'on désire un exemple pratique plus éloquent, il n'y a qu'à se souvenir de la bataille de l'Alma, dans laquelle le feu des tirailleurs français causa un tel désastre aux batteries russes, qu'il leur fit perdre en peu d'instants tous leurs servants, à ce point qu'il fallut recourir à ceux du parc pour les retirer.

De ces exemples, on peut déduire que la cavalerie sera en beaucoup d'endroits défendue contre le feu de l'artillerie, par ses propres tireurs, sans que celui des ennemis puisse les inquiéter de loin; parce que, en supposant que celui-ci découvert, et n'ayant pu se cacher derrière quelque accident de terrain, comme sa place naturelle est de 200 à 300 pas en arrière de la seconde ligne, et qu'il y en a 800 entre celle-ci et les tirailleurs ennemis, — on se rencontrera à 1000 ou 1100 pas de ces adversaires dont les feux sont fort incertains à cette distance.

Des considérations antérieures nous pouvons conclure :

1° Que telle qu'est aujourd'hui l'in truction du tir dans l'infanterie de ligne, la cavalerie ne fera pas de plus grandes pertes qu'anciennement au moment de la charge.

2° Que le feu de l'artillerie de campagne est moins terrible qu'autrefois.

3° Que celui de la grosse artillerie obligera la cavalerie de ligne, et l'autre plus lourde, à profiter des accidents du terrain pour se délivrer de ses projectiles, à se mouvoir fréquemment quand celle-ci ne peut bouger, parce que les artilleurs ennemis apprécient difficilement les distances, et à se former en colonnes de peu de fond.

4° Que les effets destructeurs de la grosse artillerie sont les mêmes pour les autres deux armes ; et si l'on fait tant que de supposer que l'une demeure annulée par elles, il est aussi nécessaire de convenir que la même chose doit arriver à l'autre.

Ce qui demeure hors de doute, c'est que la tactique des trois armes peut varier beaucoup ; que les combats de tirailleurs doivent obtenir une grande importance, sans que pour cela les grandes batailles se convertissent en duel à la carabine ; que les ordres en colonnes doivent supporter de grandes modifications qui déjà ont été introduites dans la meilleure partie des armées d'Europe (1) ; que l'instruction individuelle doit s'améliorer beaucoup

(1) Pour étudier cette question en ce qui touche à l'infanterie, on peut voir le livre intitulé : *Considération sur la*

pour satisfaire aux nouvelles exigences, de même que celle des officiers de tous grades.

Mais déjà nous avons dit que nous laissons à d'autres la solution de ces importantes questions, et que nous nous sommes seulement proposé de nous occuper de la cavalerie.

III

Nous avons prouvé, dans les chapitres précédents, que les armes de précision n'empêcheront pas les combats en ligne pour la cavalerie, et qu'elles ne sont pas suffisantes, non plus, pour l'inutiliser de loin.

Nous avons conclu de cela que son importance tactique n'a pas diminué en notre temps. Aujourd'hui, comme autrefois, le général qui, sur un

tactique de l'infanterie en Europe, par le général Renard. Paris, 1857.

On peut voir aussi la *Tactique de l'infanterie,* récemment publiée par Son Excellence le capitaine général D. Manuel de la Concha, marquis du Duero, et les importantes considérations qu'émet le même auteur dans son *Projet de tactique des trois armes.*

champ de bataille, sait profiter du moment précis, et jette sur l'ennemi une forte masse de cavalerie qu'il a su dégager de l'artillerie ennemie, pourra décider quelquefois la victoire; et il sera toujours dans les mêmes conditions qu'autrefois, pour convertir en déroute la retraite de l'adversaire, détruisant les dernières troupes qui résistent avec ordre, et empêchant qu'elles ne reprennent la formation et les dispositions convenables pour éviter une ruine complète.

En raison de ceci, nous disons avec le général Ambert (1) : « Notre conclusion est que la stratégie se modifiera par les découvertes modernes de la science, et que le premier effet sera d'augmenter l'importance (*du rôle*) de la cavalerie. »

Non; malgré que la stratégie se modifie (ce qui est très-douteux), la cavâlerie ne répètera pas les brillants faits des Prussiens et des Français dans les temps de Frédéric et de Napoléon.

Il est nécessaire de ne pas oublier que, dans les grandes batailles, l'effet ne s'obtient que par les combats en masses; que sur le terrain de l'action la stratégie n'a rien à voir, mais la tactique; que

(1) *Moniteur de l'Armée*, 16 mai 1863.

celle-ci, modifiée comme elle a lieu de l'être, exige que la cavalerie se place à de plus grandes distances de l'ennemi qu'autrefois, ce qui sera un grand obstacle pour la faire arriver à un moment opportun; et que, malgré que les exercices soient plus nombreux actuellement qu'ils ne l'ont jamais été, et plus étendus, par cela même, sur les champs de bataille, cet obstacle augmente en raison de l'espace qu'il doit parcourir et du nombre des ennemis qu'il faut détruire.

Notre opinion, au contraire, est que la cavalerie ne peut obtenir des résultats décisifs sur toute une ligne, et qu'elle sera, par conséquent, une arme plus secondaire qu'autrefois.

Entre la croyance du général Morand et celle de ceux qui réduisent tout le service de la cavalerie à celui de troupes légères, il y a, comme on le comprend, toute la différence possible.

Pour fixer la proportion entre la cavalerie et les autres armes, chacun l'a fait à son point de vue.

Un général français dit que cette question est oiseuse, parce que la relation numérique entre les deux armes dépend de la nature du pays où il faut faire la guerre, de la classe de troupes que possède l'ennemi, etc... Mais s'il est certain que ces raisons doivent être présentées quand une armée s'organise pour faire une campagne dans un pays donné; comme en temps de paix, elle doit avoir une organisation fixe, il est nécessaire de l'étudier, parce que cette étude doit préciser ce qui convient en temps de guerre.

L'auteur anonyme de l'écrit déjà cité, qui a pour titre *Die cavalerie der Jetztzeit*, dit ce qui suit, traitant de cette question : « Avant que fussent introduites les armes rayées, la relation la plus convenable entre la cavalerie et la force totale de l'armée était de 1 : 6 ou de 1 : 7 ; mais on doit observer que, tandis qu'on ne donne à tout ou partie de l'artillerie de pièces plus légères que les canons actuels de campagne, pièce de 12, il est nécessaire que cette arme soit plus nombreuse et ait plus de chevaux pour la servir qu'autrefois, et il est juste, en conséquence, pour augmenter les précédents, de diminuer ceux de la cavalerie, si l'on ne désire que les uns et les autres arrivent à un nombre si considérable que le transport devienne difficile par les chemins de fer, et que les inconvénients augmentent pour les alimenter.

Et quand on adoptera le canon français (pièce

de 4) rayé, qui n'arrive à peser que 600 livres et peut être transporté par ses six servants, au travers de terrains très-accidentés, on pourra diminuer le nombre total de chevaux de l'armée.

Comme on le voit, l'auteur fonde sa raison en concluant que la cavalerie doit diminuer, dans la nécessité d'augmenter l'artillerie de campagne, en supposant que l'on use de l'ancienne.

Il paraissait naturel que pour admettre l'introduction de la nouvelle, qui nécessite moins de troupes, cela augmentera au contraire la cavalerie ; et nonobstant il ne le fait pas et conclut : « qu'alors on diminuera le nombre de chevaux du cadre ; » sans doute pour faciliter ses subsistances et le transport par les chemins de fer.

Pour prouver que la proportion entre la cavalerie et la force totale de l'armée a été successivement diminuée, il donne le tableau suivant :

Au commencement du siècle, cette proportion était de		1 : 4
En 1809, dans l'armée autrichiennne	1 : 10	terme moyen 1 : 8
française	1 : 6	
En 1812, dans celle-ci	1 : 7	.... 1 : $7^1/_2$
En 1813	1 : 8	
En 1814	1 : 25	
— armée russe	1 : 9	
— » anglaise	1 : 8	.... 1 : 16
En 1855, » russe	1 : 6	
— alliés	1 : 16	
En 1859, en Italie	1 : 12 à 13	.... 1 : 12

Les guerres de Crimée et d'Italie ne prouvent rien, en faveur de la thèse de l'auteur, à cause des inconvénients qui se présentaient pour occuper une nombreuse cavalerie. Celles des armées 9, 12 et 13, non plus ne peuvent servir de règle, parce que les armées arrivèrent à posséder un nombre tel de combattants, et les guerres antérieures avaient rendu difficile de telle manière la remonte de la cavalerie, que bien que son nombre put être, relativement à celui de l'armée, comme 1 : 7 1/2 ou 8, on doit le considérer comme très-élevé.

Aujourd'hui, dit l'auteur anonyme, la relation entre la cavalerie et la force totale de l'armée doit être en général de 1 à 11 ; quoique la meilleure partie des États de l'Europe ait fait de grandes modifications dans ces derniers temps, aucune d'entre elles, si l'on excepte l'Italie, n'a autant diminué le nombre de chevaux.

Selon l'écrit produit en allemand par un officier prussien et traduit en français l'année après, sous ce titre : *Étude comparative sur les armées des six principaux États de l'Europe*, les forces que ceux-ci tiennent disponibles dans un cas de guerre générale, sans compter le surplus des places fortes et autres destinations spéciales, sont :

Pays		Arme	Nombre	Unités	Hommes
Russie	Troupes régulières.	Infanterie,	289	bataillons actifs.....	238,203
		Cavalerie,	216	escadrons..........	44,016
		Artillerie,	108	batteries de campagne	41,768
	Troupes irrégulières.	Cavalerie,	222	sotnias de cosaques..	31,736
		Artillerie,	14	batteries...........	2,877

Total.. 228,203 hommes d'infanterie
75,752 » de cavalerie
44,645 » d'artillerie avec 968 pièces.

Pays	Arme	Nombre	Unités	Hommes
Autriche...	Infanterie,	323	bataillons actifs...........	340,680
	Cavalerie,	193	escadrons.................	34,788
	Artillerie,	120	batteries.................	48,120
France.....	Infanterie,	376	bataillons actifs...........	277,766
	Cavalerie,	262	escadrons.................	44,812
	Artillerie,	136	batteries.................	41,691
Prusse.....	Infanterie,	253	bataillons actifs...........	253,600
	Cavalerie,	248	escadrons.................	37,560
	Artillerie,	162	batteries.................	36,396
Angleterre.	Infanterie,	63	bataillons................	39,900
	Cavalerie,	92	escadrons.................	10,314
	Artillerie,	30	batteries.................	6,840
Italie......	Infanterie,	378	bataillons................	259,980
	Cavalerie,	112	escadrons.................	19,190
	Artillerie,	90	batteries.................	20,100

De ces nombres, il résulte que la proportion entre l'infanterie et la cavalerie est, en Russie, de 1 à 3 ou 4; en Autriche de 1 à 10; en France, de 1 à 5; en Prusse, de 1 à 7; et en Italie, de 1 à 12.

Ceci prouve : que les gouvernements chargés de résoudre pratiquement la question, et dont les décisions se doivent respecter, parce que avant de les prendre ils consultent les hommes les plus compétents en cette matière, sont très-loin d'accéder, comme il peut le paraître, à l'idée de ceux qui veulent que la cavalerie soit réduite à un nombre insignifiant ; en ceci, ils agissent avec beaucoup de prudence, parce que cette arme ne s'improvise pas comme l'infanterie, ni ne tient des réserves qui puissent servir à remplacer les pertes de la campagne.

On ne peut guère compter, qu'en temps de paix, les chevaux et les hommes instruits, auxquels on en peut facilement substituer d'autres, quand la guerre se prolongera beaucoup; ce résultat est fort incertain.

IV

Si l'importance de la cavalerie et son nombre par rapport à celui de l'infanterie ont donné lieu à des opinions variées et contradictoires, la proportion que l'on doit mettre entre les espèces de troupes à cheval a été aussi l'objet des polémiques les plus sérieuses et les plus compliquées. — Les uns ont donné la préférence à la grosse cavalerie, croyant que son rôle dans les combats se réduit à constituer une forte et puissante réserve ; d'autres demandent de l'organiser de manière que la cavalerie légère y domine, parce qu'ils pensent que dans la suite elle ne sera plus appelée à combattre en ligne; il en est qui sont partisans d'une cavalerie mixte, armée de fusils, pour faire le service des anciens dragons; enfin plusieurs, reconnaissant qu'elle peut encore charger en ligne, ne veulent qu'une seule espèce de cavalerie, capable aussi bien de faire le service d'avant-postes et de détachement que de constituer la réserve générale de l'armée.

Un petit nombre d'écrivains considèrent la cavalerie de ligne comme l'élément principal et presque exclusif. L'importance chaque jour plus grande que prend l'ordre dispersé en raison des nouveaux progrès, la nécessité de reconnaître de loin l'ennemi et de ne pas être reconnu par lui, la rapidité indispensable aux mouvements pour surprendre l'adversaire et n'être exposé que peu de temps à ses feux, toutes ces conditions, qui peuvent seulement se rencontrer dans une bonne cavalerie légère, imposent l'obligation d'en augmenter le nombre, au préjudice de la cavalerie de ligne, que, sans aucun doute, on aura moins souvent l'occasion d'employer. Mais, de cela, on ne peut déduire que cette dernière a fini son temps, et qu'il faut absolument la supprimer ou la réduire à un nombre insignifiant.

On peut voir, dans le *Spectateur militaire* d'août 1862, un *Mémoire* qui soutient cette opinion de la façon la plus radicale; l'auteur commence par poser la proposition que la cavalerie étant l'arme des peuples barbares, doit perdre précisément pour cela son importance et finir par disparaître avec les progrès de la civilisation. Et pour le prouver il s'appuie sur ce que la Grèce et Rome se distinguèrent par leur infanterie et les Barbares par leur cavalerie. Selon lui, si jusqu'à cette époque elle a été si nombreuse, c'est parce que les guerres continuelles de notre époque ont donné aux nations l'habitude d'en avoir.

Aujourd'hui la cavalerie légère doit prédominer.

Les Cosaques se sont fait remarquer pendant l'Empire par les pertes énormes qu'ils ont causées à leurs ennemis. Le grand obstacle que rencontrent les Français en Afrique, c'est la cavalerie irrégulière. — « Que manque-t-il aux Arabes, dit-il, après avoir fait leur éloge et celui de leurs chevaux, pour n'avoir pas de rivaux dans le monde, si ce n'est l'habitude de se réunir en troupes compactes et de savoir se former pour charger les masses ennemies? » Et comme l'imagination de l'auteur est fortement impressionnée par le cavalier arabe, il trouve lourds et maladroits les chevaux français qui tombent malades quand on les change de régime et se blessent dans les marches un peu longues, tant les races ont dégénéré!

L'Angleterre et l'Allemagne n'ont pas non plus, à son sens, ces bons chevaux de guerre qui se rencontrent seulement sur les rivages de la mer Caspienne, dans le Caucase et le nord de l'Afrique; et après avoir décrit une bataille moderne, il s'écrie : « La cavalerie n'a rien à faire sur le champ « de bataille; on peut l'utiliser seulement avant « ou après le combat : avant, pour découvrir, « après, pour poursuivre les vaincus. » Si on veut, à de rares intervalles, l'employer sur le champ de bataille, dit-il plus loin, c'est à condition qu'elle acquerra bien des qualités qu'elle n'a pas, et qu'elle sera une véritable cavalerie *passe-partout*.

Le général Morand, le capitaine anglais Nolan et le lieutenant-colonel baron de Noé veulent non-seulement que la cavalerie légère domine, mais encore que l'on supprime la grosse cavalerie, non pas qu'ils méconnaissent les services que peut rendre cette dernière, mais parce qu'ils pensent qu'une cavalerie unique, c'est-à-dire d'une seule espèce, pourra désormais satisfaire à tous les besoins. Pour que nos lecteurs puissent comprendre leur système, nous ferons un léger examen de leurs principales idées.

Le premier, aussi émerveillé des Cosaques que M. Hugonnet l'est des cavaliers arabes, rappelle leur activité infatigable pendant la guerre de Russie ; la facilité avec laquelle ils disparaissaient quand ils étaient attaqués par des forces supérieures ; la rapidité avec laquelle ils revenaient à la charge quand le danger était passé ; la persistance opiniâtre avec laquelle, en tout temps et à toute heure, ils attaquaient leurs ennemis en tête ou en queue ou sur les flancs ; leur aptitude particulière à trouver des ressources et à nager dans l'abondance là où les Français périssaient de misère ; ils entouraient constamment les colonnes; ils inquiétaient les lignes d'opération ; les convois étaient sans cesse harcelés, et les blessés étaient pris par ces infatigables cavaliers qui surgissaient de tous côtés.

Par ce motif il croit, rappelant le temps de Gengis-Khan, que, avec une cavalerie nombreuse, organisée et instruite comme les Cosaques, pouvant vivre partout, et ne traînant pas avec elle cet immense matériel qu'avec raison les Romains nommaient *impedimenta,* on pourrait encore faire des conquêtes comme celles de ce chef tartare. D'après cela, il les souhaite à la France comme le type le plus parfait de la cavalerie.

Le capitaine Nolan (1) veut prouver que la cavalerie de ligne est inférieure à la cavalerie légère ; mais il pense que cette dernière est mal organisée et au lieu des Cosaques, il prend comme modèle les Sikhs de l'Indoustan. — « Un cavalier sikh, dit-il, défit les Anglais en combat singulier et démonta trois dragons avant d'être démonté par une balle ; » — et qu'est-ce qu'une charge, ajoute-t-il, si ce n'est une série de combats singuliers? — La conséquence naturelle du fait qui vient d'être cité, c'est que les Sikhs battront toujours la cavalerie légère et que par conséquent il faut la réformer. Examinant les causes de son infériorité, il croit les trouver dans le trop grand poids des hommes et de leur équipement et dans la mauvaise qualité de leurs chevaux.

(1) *Histoire et tactique de la cavalerie.*

Les cavaliers, d'après lui, ne devraient être que des jeunes gens de 18 à 20 ans, ne pesant pas plus de 63 kilog., et qui seraient renvoyés dans l'infanterie quand ils engraisseraient. Le capitaine anglais répute comme mauvais tous les chevaux de son pays et des colonies d'Angleterre. Et voici comment il s'exprime : « Nos chevaux sont faibles, et s'ils ont assez de taille, ce n'est que par la grande longueur de leurs membres et au préjudice de leurs forces. Les chevaux de l'armée ne peuvent être de même sang que les chevaux de course, race analogue à celle du lévrier, qui n'a pas d'autre qualité que la rapidité ! Seul le sang arabe et le persan peuvent leur donner les membres d'acier et les os solides qui leur manquent. Aujourd'hui on ne rencontre plus sur nos marchés les chevaux de troupe de race irlandaise qui étaient si recherchés. »

« Toutes les améliorations que l'on introduira dans nos régiments seront inutiles tant que l'on ne commencera pas par améliorer les chevaux. Organiser une cavalerie sans établir de bonnes remontes, c'est construire sur le sable. Le gouvernement seul peut faire cette réforme propre à importer de bonnes semences, et les sources du sang oriental si nécessaires pour créer des chevaux convenables à la cavalerie anglaise. »

Le vicomte de Noé (1) pense que l'emploi que l'on fait de l'artillerie dans les batailles exige que l'on supprime cette division en cavalerie de ligne et en cavalerie légère empruntée au moyen âge. A son avis, les immortels cuirassiers d'Eylau et de la Moscowa sont inutiles, puisque leurs armures ne les protégent pas contre les armes à feu actuelles. « La mobilité, dit-il, l'élasticité, si je « puis me servir de cette expression, doivent être « les principes fondamentaux de la nouvelle « cavalerie qui devra pouvoir se transporter vi- « vement d'un point à un autre, être toujours « prête à jouer indistinctement tous les rôles et « surtout le dernier, celui qui achève et complète « les victoires. La poursuite d'une armée battue « et en déroute exigera une cavalerie d'autant « plus agile et plus manœuvrière, que ce dénoue- « ment se produit, à de rares exceptions près, « au moment où quelques heures seulement sont « accordées avant la chute du jour.

« Il faudra donc une cavalerie qui, ayant pu

(1) Voir dans la *Revue des deux Mondes*, l'article du 1er septembre 1860, intitulé *les Chasseurs d'Afrique*.

« combattre en ligne toute la journée, trouve « encore dans son élément constitutif la vigueur, « l'entrain et l'audace de la cavalerie légère qui, « répandue de tous côtés dans la plaine, coupe « la retraite aux fuyards, s'empare de l'artillerie « qui cherche à se sauver, assure enfin ces « triomphes qui, dans une seule bataille, font « tomber les empires. Tel fut le rôle de la cava- « lerie française à Iéna. »

Cet idéal d'une seule espèce de cavalerie, le vicomte de Noé le trouve réalisé dans les chasseurs d'Afrique. Ces corps ont l'avantage de réunir, suivant lui, l'impétuosité de la cavalerie légère et la solidité de la pesante.

Ils possèdent l'agilité et la solidité dans leurs mouvements, la vigueur dans l'attaque et la précision du tir qui sont nécessaires de nos jours.

C'est à l'école des Arabes que se sont formés les représentants de la nouvelle cavalerie.

Le cheval d'Afrique, dit-il, en raison de sa petite taille, satisfait à toutes les exigences de cette cavalerie, qui est destinée à absorber les deux types de l'ancienne.

Voici donc quatre écrivains qui s'accordent à dédaigner la cavalerie de presque toutes les nations de l'Europe et trouvent leur idéal dans les Cosaques, les Sikhs et les chasseurs d'Afrique. Conclure, après un examen plus ou moins consciencieux, que le modèle d'une cavalerie nationale doit être pris sur un type qu'on ne peut copier entièrement, repousser ce qui existe pour courir après ce qu'il n'est pas possible d'atteindre, c'est se tourmenter beaucoup l'imagination et se donner bien de la peine pour donner un corps à une ombre.

Pour être aussi bon cavalier que les Arabes, il est nécessaire d'avoir des chevaux de ce pays, de les élever à l'air libre, de posséder un terrain peu cultivé comme celui de l'Afrique, où ils puissent développer leurs muscles d'acier dans de longues courses rapides à travers la plaine. Il faut que le cavalier vive sous la tente, qu'il ait été depuis son enfance le compagnon de son cheval, qu'il ne s'en sépare jamais, et soit si familier avec lui, que les mêmes instincts, les mêmes désirs leur soient communs à tous deux, qu'en somme ils semblent ne former qu'un seul individu. On peut dire la même chose des Sikhs, si vantés par le capitaine Nolan, quoique nous doutions beaucoup pouvoir les placer dans la même catégorie que les Arabes. Cependant la cavalerie européenne a combattu, non pas une, mais plusieurs fois, contre ces derniers et certainement ils n'ont pas toujours résisté à de pareilles épreuves. Napoléon, à qui personne ne peut refuser d'être compétent en cette matière, s'exprimait ainsi en rappelant les combats de la cavalerie pendant la campagne d'Égypte : « Deux mamelucks tenaient tête à trois Français parce qu'ils étaient mieux armés et mieux instruits, mais cent Français à cheval ne craignent pas cent mamelucks. Trois cents triomphent de trois cents autres et mille en battent quinze cents, tant est grande l'influence de la tactique, de l'ordre et des évolutions ! Les généraux de cavalerie Murat, Leclerc et Lassalle se présentaient sur plusieurs lignes aux mameluks, et quand ceux-ci débordaient la première, la seconde s'avançait à droite et à gauche. Les cavaliers égyptiens s'arrêtaient alors et s'efforçaient d'envelopper les ailes de la nouvelle ligne. En ce moment on les chargeait, et ils étaient toujours vaincus. »

Il faut noter que ce qui se passait là entre une cavalerie irrégulière et une cavalerie de ligne, se répétera dans les mêmes circonstances tant que les armes rayées n'exerceront pas d'influence sur les résultats du combat et qu'il n'y aura pas de raison pour rejeter le jugement de Napoléon, que l'on doit considérer comme concluant. Et, bien que la nouvelle cavalerie qui s'organisera sur le modèle des cavaleries de l'Afrique ou de l'Asie soit exercée au tir des carabines rayées, il y a lieu de préjuger qu'elle n'atteindra jamais les résultats qu'obtiennent les Arabes avec leurs armes à feu.

Que dire de l'opinion du général Morand, si ce n'est que les Cosaques existent seulement en Russie comme les Arabes existent seulement en Afrique et en Asie, comme ceux-ci naissent et grandissent à côté de leurs chevaux et ont aussi de vastes plaines où ils peuvent développer leurs instincts pour la course. « La Vistule, la Seine et le Don, dit Benkendorff, n'arrosent pas des pays semblables. » « Les chevaux normands ne cherchent pas l'herbe sous la neige, et le sol heureux de la Russie est le seul qui produise les Cosaques. »

L'opinion du vicomte de Noé est plus admissible, et nonobstant elle ne peut résister à une discussion impartiale. Accordons-lui, et c'est beaucoup, que les chasseurs d'Afrique réunissent, comme il le dit, l'impétuosité de la cavalerie légère et la solidité de la cavalerie de ligne, et même, pour que sa pensée ne soit pas en opposition avec son système, admettons que plusieurs corps comme ceux-ci se soient façonnés au combat en ligne et l'exécutent comme la grosse cavalerie au point de pouvoir dire qu'en Algérie, au sein de la paix, l'habitude des rudes exercices place les chasseurs à la hauteur du cavalier arabe, c'est reconnaître implicitement que cette cavalerie unique a besoin, comme première condition de son existence, de l'école d'Afrique que possède seulement la France, et que par conséquent les autres États, faute de ce moyen indispensable, ne pourront jamais avoir une cavalerie qui réunisse les conditions de la grosse cavalerie et de la cavalerie légère. Pour nous-mêmes voisins, cette école est insuffisante et la raison en est très-simple.

L'Algérie ne peut pas donner assez de chevaux pour les 51 régiments que possède la France et ceux-ci ne peuvent profiter, qu'à de très-longs intervalles, de cette école d'Afrique, car, si elle est suffisante pour les quatre régiments de chasseurs qui existent, elle cesse de l'être pour tous les régiments de cavalerie.

D'où il résulte qu'aucun Etat de l'Europe ne compte pour les éléments d'une cavalerie nouvelle ceux qui existent déjà dans l'état actuel des choses, et que pour cette raison et parce que chacun d'eux exige certaines conditions physiques et morales qui leur sont inhérentes, il n'est pas possible de penser à une cavalerie unique, faisant le service de la grosse et de la légère. Parmi les réformes que la majeure partie des puissances ont faites depuis la guerre de Crimée, et spécialement depuis celle d'Italie, on ne remarque aucune tentative pour atteindre cet objet. En étudiant ces réformes et les cadres organiques qui en sont les conséquences, nous verrons quelles solutions pratiques les gouvernements ont données aux questions dont nous nous sommes occupés dans les chapitres précédents.

Russie. — La cavalerie régulière de cette puissance se composait en 1856 de cuirassiers, de hulans et de hussards, ces derniers constituant la cavalerie légère. Celle de la garde était organisée en trois divisions dont une de cuirassiers et comprenant 4 régiments à 6 escadrons.

La cavalerie de ligne se composait de 7 divisions légères de hulans et de hussards, et de 2 corps de réserve. Dans le premier il y avait 8 régiments de cuirassiers à 6 escadrons, dans le second 8 régiments de dragons à 10 escadrons chacun; ces derniers étaient une création de l'empereur Nicolas en 1833. De ces 10 escadrons 8 étaient armés de fusils à bayonnette et devaient combattre à pied. Les deux qui restaient avaient des lances et formaient la cavalerie de ce corps mixte. Avec chaque régiment on organisait un bataillon de 8 pelotons, chaque escadron constituant un peloton sur trois rangs; dans chaque groupe de trois files celle du milieu était chargée de tenir les chevaux. Les escadrons armés de lance réunis ensemble formaient deux régiments à 8 escadrons. A ce corps de dragons étaient attachés 32 bouches à feu et 16 pontons.

Par un ukase du 17 mai 1856 cette cavalerie amphibie fut dissoute; cette organisation contraire à toutes les règles du bon sens tomba sous son propre poids. Par un autre ukase du 27 mai 1860 on supprima les cuirassiers des divisions de ligne, conservant seulement ceux de la garde. Aujourd'hui la Russie compte 216 escadrons de cavalerie régulière dont 24 pour l'arme des cuirassiers, et en outre 222 escadrons de Cosaques qui sont réellement les troupes légères de la Russie. Les régiments de la garde et les divisions nos 4, 6 et 7 de cavalerie se composent de 4 escadrons actifs et de un de réserve; ceux des autres divisions ont aussi 4 escadrons de guerre et 2 de réserve. En temps de paix ces derniers restent avec leurs corps. Pendant la guerre on forme, avec les soldats qui sont en congé, des divisions de réserve de 2 escadrons, les cinquièmes ou les cinquièmes et sixièmes des 7 divisions se réunissent deux à deux en régiments de 4 escadrons correspondants aux brigades actives. Pour chaque régiment on organise une division de dépôt de 2 escadrons, et ces escadrons réunis forment dans chaque division une brigade de dépôt.

Autriche. — Cette puissance a fait de grands changements depuis la guerre d'Italie; mais on ne doit pas oublier que le mauvais état de ses finances d'un côté et de l'autre la perte de la Lombardie, ont été deux motifs indépendants de toute considération tactique.

Au commencement de la campagne de 1859, elle comptait 16 régiments de cavalerie de ligne, dont 8 de cuirassiers et 8 de dragons à 6 escadrons chacun, 12 régiments de hussards et 12 de hulans à 8, excepté le 6e et le 11e régiment de hulan qui n'avaient que 4 escadrons et 2 régiments de hussards volontaires à 4 escadrons. De sorte que l'Autriche possédait 96 escadrons de ligne et 192 de cavalerie légère.

Par décret impérial du 27 septembre 1862, la cavalerie fut organisée en 12 régiments de ligne à 5 escadrons chacun sur le pied de paix, et 29 régiments légers à 6 escadrons de 154 hommes et 139 chevaux, ou de 156 et 141 suivant l'espèce de cavalerie. En temps de guerre on formera le dépôt d'un escadron de chaque corps et on augmentera la force des autres jusqu'à 165 hommes et 149 chevaux.

France. — D'après l'Annuaire militaire de 1857, la cavalerie française comprenait 6 régiments de la garde (2 de cuirassiers, 1 de dragons, 1 de lanciers, 1 de chasseurs et 1 de guides) et 58 régiments de ligne, tous à 6 escadrons. Elle avait en outre 10 compagnies de remonte.

Les régiments de la ligne se décomposaient ainsi : 2 de carabiniers, 10 de cuirassiers, 12 de dragons, 8 de lanciers, 12 de chasseurs, 8 de hussards, 3 de chasseurs d'Afrique et 3 de spahis. Les carabiniers et les cuirassiers composaient la grosse cavalerie, les lanciers et dragons celle de ligne et le reste la cavalerie légère.

Aujourd'hui la France a 60 escadrons de la première espèce, 92 de la seconde et 110 de la troisième, et comme la cavalerie de ligne peut se placer aussi bien dans la catégorie de la grosse que dans celle de la légère, il résulte une proportion de 7 à 5 entre celle-ci et la première contrairement aux tendances qui veulent en ce moment favoriser la dernière.

La cause en est sans doute dans le manque de chevaux aptes à remonter les hussards et les chasseurs, inconvénient auquel l'Empereur a essayé de remédier en prenant en Algérie un plus grand nombre de chevaux qu'on ne l'avait fait jusqu'à cette heure.

Prusse. — La cavalerie prussienne se divise en grosse cavalerie et en cavalerie légère, les cuirassiers et les hulans composent la première espèce, les hussards et les dragons la seconde.

Avant la guerre d'Italie il y avait 38 régiments de ligne dont 6 appartenaient à la garde, chacun à 4 escadrons, et 32 à la landwehr du premier ban, aussi à 4 escadrons. Parmi ces régiments il y en avait 20 de cavalerie de ligne (10 de cuirassiers et 10 de hulans, et 18 de légère, (5 de dragons et 13 de hussards), composant en tout 80 escadrons de la première espèce et 72 de la seconde.

Cette organisation a éprouvé des modifications complètes. On doutait beaucoup, même parmi les plus fervents admirateurs de l'organisation prussienne, que les régiments de la landwehr, qui ne conservent en temps de paix que leurs cadres et ne se réunissent que pendant quelques jours de l'année, et dont les chevaux choisis pour ces réunions comme pour le cas de guerre, proviennent de requisitions, que ces régiments, dis-je, rempliraient toutes les conditions voulues pour entrer en campagne.

Et les dernières levées ont convaincu le gouvernement prussien que de tels doutes étaient parfaitement fondés. Pour cette raison les 32 régiments de cavalerie de landwehr ont été réduits à 12 et forment en cas de guerre partie de l'armée active; ils constituent avec elle des brigades de ligne composant en tout 124 escadrons de grosse cavalerie et 124 de cavalerie légère. D'après le nouveau plan d'organisation on supprimera aussi les 12 régiments de landwehr pour les remplacer par 8 régiments de ligne. Selon le projet de loi de 1863, les soldats doivent passer trois ans dans les corps actifs, quatre dans la réserve et neuf dans la landwehr. La cavalerie se composera alors de 60 régiments à quatre escadrons formant un total de 29,029 hommes en temps de paix, et de 36,013 hommes en temps de guerre.

Angleterre. — En 1863 la cavalerie anglaise se composait de 31 régiments, savoir : 2 de gardes du corps, 1 de horse-guards, 7 de dragons de la garde, 3 de dragons, 5 de lanciers et 13 de hussards. Les 28 qui n'appartiennent pas à la garde se divisent en grosse cavalerie, cavalerie mixte et légère de la manière suivante : grosse cavalerie, n°s 4 et 5 des dragons de la garde, 1 et 2 de dragons, total 4. Cavalerie mixte : n°s 1, 2, 3, 6 et 7 des régiments de dragons de la garde, 6 de dragons, 5, 9, 12, 16 et 17 de lanciers ; total 11. — Cavalerie légère : 3, 4. 7, 8, 10, 11. 12, 14, 15, 18, 19, 20 et 21 de hussards ; total 13.

Les régiments ont 8 compagnies, deux d'elles forment un escadron, il n'y a pas de différence entre le pied de paix et le pied de guerre. Chaque compagnie comprend : 1 sergent-major, 3 sergents, 4 brigadiers, 1 maréchal, 1 sellier et 63 soldats. Les hussards n'ont pas de carabine. Pour 19,820 hommes de troupe il n'y a que 14,073 chevaux.

Italie. — Les forces que possédait le Piément avant la guerre de 1859 ne peuvent servir de terme de comparaison pour notre objet. La cavalerie du roi Victor-Emmanuel se compose de 26 régiments, savoir : 4 de ligne à six escadrons actifs et 1 de dépôt, 20 de cavalerie légère dont 10 de lanciers et 10 de chevau-légers, plus 2 de guides. Ces 22 régiments ont seulement 4 escadrons actifs et 1 de dépôt. En tout 17,812 hommes de troupes et 13,316 chevaux sans compter ceux des officiers. Les régiments de ligne ont 993 hommes et ceux de cavalerie légère 692.

V.

Après avoir émis nos idées sur l'importance de la cavalerie et sur sa division en grosse cavalerie et cavalerie légère, nous verrons de quelle manière elle doit entrer dans l'organisation des armées.

Les résultats obtenus depuis Frédéric II jusqu'à nos jours sont autant de leçons pratiques dont on doit tenir compte quand il s'agit de résoudre cette importante question.

Nous ne parlerons pas des progrès que fit la cavalerie au temps de Frédéric ; ce n'est pas notre but. Grâce au génie militaire du roi, secondé par l'immortel Seidlitz, la cavalerie prussienne parvint à posséder une instruction de détail et d'ensemble qu'aucune autre depuis n'a pu difficilement acquérir. Mais en outre, et particulièrement dans la guerre de Sept-Ans, on l'employa de la manière la plus convenable et la plus favorable pour obtenir de grands résultats. Placée selon l'usage de l'époque sur les ailes de la ligne de bataille, et avec une réserve en arrière de la seconde ligne, elle avait pour mission de combattre celle de l'ennemi, de charger de flanc l'infanterie ennemie, et de frapper les derniers coups et les plus décisifs. Dans ce but, elle était organisée en grande masse et c'est à cette organisation et l'emploi rationnel et opportun de cette arme, que l'on dut de grands et importants triomphes tels que ceux de Rosbach, de Leuthen et de Zorndorf.

Les successeurs de Frédéric et de Seidlitz ne surent pas les copier autrement que dans les détails. Au commencement des guerres de la Révolution on ne vit point ces imposantes masses de cavalerie qui ont rendu plus tard de si grands services.

Les alliés, qui avaient une cavalerie parfaitement montée et instruite, mais dont les généraux déjà anciens, manquaient du feu de la jeunesse si nécessaire pour conduire une arme qui avant tout demande de la vivacité et de la résolution, la répartirent entre les fractions de l'armée, se privant ainsi des avantages qu'elle pouvait leur donner en l'employant mieux.

Les Français adoptèrent un système semblable. La mauvaise qualité de leur cavalerie les excuse de ce que, craignant celle des Allemands, celle-ci évita avec raison plusieurs fois les terrains plats pour laisser le combat à l'infanterie dont les troupes nouvelles et mal organisées se prêtaient bien au système combiné de tirailleurs et de colonnes qu'elles avaient alors adopté.

Jourdan fut le premier qui dans la campagne de 1794 organisa une réserve de 3 000 chevaux. Cette tentative ne fut pas imitée même dans l'armée de Sambre et Meuse où on continua à répartir la cavalerie entre les divisions. En 1797, Hoche fit un autre essai. Napoléon Ier, s'appuyant sur ce principe que la cavalerie ne doit jamais être divisée, la réunit en grandes masses, mais jusqu'à lui les Allemands n'obtinrent aucun résultat de son emploi, parce qu'ils continuèrent encore plus longtemps que leurs adversaires à la répartir dans les divisions. La bataille d'Iéna valut à Napoléon la déroute de l'armée prussienne et la conquête immédiate de tout le pays, grâce à l'active et intelligente conduite de la cavalerie de Murat.

Pendant les dernières guerres de Crimée et d'Italie, la cavalerie s'organisa en grandes masses. Dans la première, à chaque division d'infanterie étaient affectés quelques escadrons légers, et un régiment ou une brigade entière pendant la seconde. En outre il y avait des divisions entières de cavalerie en réserve.

Si ce rapide coup d'œil historique peut jeter quelque lumière sur le mode de répartition de la cavalerie dans les armées (et nous croyons que ses résultats sont concluants), il n'y a pas de doute qu'une partie doit être destinée à suivre les divisions d'infanterie, et l'autre, et ce sera le rôle de la grosse cavalerie, doit être organisée en brigades, divisions et corps d'armée pour former la réserve de l'armée. Le but de cette réserve sera d'augmenter la cavalerie divisionnaire quand il sera nécessaire de l'employer à certaines missions spéciales, si fréquentes à la guerre, de frapper dans les batailles des coups décisifs (non seulement quand elles se terminent comme l'ont prétendu quelques-uns, mais à n'importe quel moment si l'occasion se présente); elle devra poursuivre l'ennemi battant en retraite pour le détruire et compléter la victoire, protéger et sauver enfin l'armée si le sort ne lui a pas été favorable.

La quantité de cavalerie que l'on doit destiner à chacun de ces objets dépend principalement de la topographie du terrain des opérations, du genre de guerre, de la force et de la qualité des troupes ennemies, de son organisation et de plusieurs autres causes faciles à connaître. S'il est nécessaire de fixer un nombre, nous dirons que si on organise une armée d'après les idées le plus généralement reçues, en brigades, divisions et corps d'armée, il faudra donner à chacune de ces fractions, une brigade de cavalerie légère, composée d'autant de régiments qu'il y a de divisions, en laissant le reste constitué, suivant le nombre, en divisions ou corps d'armée de réserve. De cette manière, toutes les conditions seront satisfaites et l'on aura toute la mobilité suffisante pour faire le service des avant-postes, celui des reconnaissances et des autres détachements qui sont du ressort de la cavalerielégère, et on aura aussi une forte masse toute prête pour remplir l'objet de la grosse cavalerie.

Puisque cette dernière doit dans certains cas augmenter la force de la cavalerie légère et lui prêter son concours, et comme il y a des différences très-marquées entre la manière d'être de l'une et celle de l'autre, on comprend la nécessité d'une cavalerie intermédiaire qui remplisse l'office des deux. Toutes les armées d'Europe, ou le plus grand nombre, ont satisfait à ces exigences en créant cette sorte de cavalerie, que l'on nomme *cavalerie de ligne* quoiqu'on la classe souvent parmi la cavalerie légère. L'Angleterre a pour cet objet des lanciers et quelques régiments de hussards; la France, les lanciers et les dragons; la Russie, les hulans; la Prusse et l'Autriche, les dragons et les hulans; l'Espagne enfin, les lanciers. Aujourd'hui que plusieurs puissances, comme l'Autriche, ont retiré les armes défensives à leurs cuirassiers pour satisfaire à l'opinion de ceux qui pensent que le temps de la grosse cavalerie est passé, cette cavalerie perd une grande partie de ses qualités et se rapproche davantage de la cavalerie mixte.

VI.

L'organisation de la cavalerie n'est pas sans

avoir une intime relation avec les autres armes. Avec celle-ci on forme ce tout qui se nomme armée, *machine*, comme dit Lloyd, destinée à exécuter tous les mouvements militaires et qui, comme les autres machines, se compose de parties distinctes et dont la perfection dépend de la bonne constitution de celles-ci prises séparément et de leur agencement entre elles. Pour la bien constituer il est nécessaire de chercher à concilier les exigences que comportent ses propriétés caractéristiques avec les moyens de la renouveler, sans oublier toutefois son prix qui est élevé et demande une attention spéciale, aujourd'hui surtout où, pour des raisons qui ne sont pas de notre compétence, les budgets de la plupart des Etats se sont excessivement élevés. Ceux-ci doivent même, dans les temps ordinaires, avoir une force militaire imposante, s'ils ne veulent s'exposer à de nombreuses éventualités qui semblent augmenter plutôt que diminuer, car il faut croire que pendant quelques années le désir si louable des membres du congrès de la paix restera encore à l'état d'utopie. Pour faire face à ces éventualités et pour que l'armée ne consomme pas toutes les ressources du Trésor, on a imaginé de constituer la force armée de différentes manières qui permettent de passer en peu de temps de l'état de paix à l'état de guerre. De là une force constante qui sert comme de sauvegarde à l'ordre intérieur et de noyau à l'armée, et une autre inactive appelée *réserve* qui, n'élevant pas l'effectif de la première dans les circonstances ordinaires, l'augmente considérablement quand il s'agit de faire face à un ennemi étranger ou à un grand trouble intérieur.

La question des réserves a été résolue dans chaque pays selon son génie particulier, et dans la plus grande partie avec beaucoup d'intelligence, mais seulement en ce qui concerne l'infanterie. Les armes spéciales, la cavalerie et l'artillerie se prêtent difficilement aux combinaisons de ce système, parce que les nouveaux progrès de la science militaire demandent une instruction plus achevée qu'auparavant et veulent plus de temps pour l'acquérir, et un exercice journalier constant pour la tenir facilement à la hauteur convenable. Aussi dans les pays où il n'y a pas comme en Russie une cavalerie nationale, les gouvernements n'organisent les réserves de cavalerie qu'avec une grande économie. Les modifications faites depuis la guerre d'Italie dans la réserve prussienne, ou landwehr, prouvent d'une manière évidente le peu de confiance que l'on doit accorder à cette institution (1). La cavalerie doit être à peu près de même force en temps de paix qu'en temps de guerre. En la diminuant en temps de paix par une économie mal en-

(1) La Landwehr est la réserve la mieux organisée des armées européennes. Grâce à cette institution, la Prusse peut se placer parmi les puissances de premier ordre, et mettre sous les armes 454,396 hommes en temps de guerre pour tenir la campagne en laissant des garnisons dans les places fortes et les établissements militaires. Le système militaire prussien qui est parfaitement en harmonie avec l'organisation politique et administrative du royaume, comprend : 1° l'*armée permanente* forte de 201,500 hommes dans laquelle servent, sauf de très-rares exceptions, tous les individus qui ont l'âge exigé par la loi, moins ceux qui excèdent le nombre voulu et qui font partie de la Landwehr ; 2° la *réserve* qui comprend tous ceux qui ont servi trois ans dans les troupes de ligne et qui ont encore quatre années à servir ; 3° *l'arrière-ban* ou seconde réserve dont font partie pendant neuf ans ceux qui ont accompli leur temps dans la première (projet de loi de 1863). — Dans l'infanterie, à chaque régiment de ligne correspond un autre de Landwehr qui a même numéro et forme brigade avec lui. La même chose existait antérieurement dans la cavalerie, mais depuis les nouvelles modifications, les régiments de cette réserve ont été réduits à douze, et on les monte en temps de guerre avec des chevaux de réquisition. Pour compenser cette diminution, on augmente la cavalerie permanente. On a supprimé la cavalerie de l'arriere-ban.

tendue on ne peut arriver qu'à de très-mauvais résultats. Il faut opter entre se priver d'un élément si nécessaire pour applanir les grandes difficultés de la guerre, c'est-à-dire l'avoir incomplet et insuffisant, et lui donner une attention spéciale sans épargner l'argent ni les autres choses qu'il exige.

Lors même que les gouvernements auraient pour la plupart de très-bonnes intentions en faveur de cette arme, les exigences de la société moderne sont un obstacle sérieux à son développement et à sa bonne organisation. Les arts, les prodigieux progrès de l'industrie, l'agriculture, nécessitent chaque jour un plus grand nombre de bras, besoin qui se concilie mal avec le séjour prolongé de soldats dans les rangs. Pour cela, de tous côtés on diminue le temps de service dans les armées permanentes. L'infanterie perd beaucoup pour cette raison, parce qu'elle conserve peu d'anciens soldats, en comparaison des avantages qu'elle retire des réengagements, mais enfin les soldats de la réserve, qui selon le système généralement admis ont passé dans le rang un temps plus ou moins long, conservent une instruction suffisante ; au contraire dans la cavalerie ils perdent leur instruction par faute de pratique, et s'ils n'ont été que peu d'années dans les régiments ils n'arriveront jamais à l'acquérir complètement. En outre, il serait très-injuste d'admettre comme règle générale que les hommes de la cavalerie devront rester dans le service actif un temps beaucoup plus long que leurs camarades de l'infanterie. Ainsi, si la constitution de l'arme exige que le séjour sous les drapeaux soit long, la justice veut impérieusement qu'il soit court.

De cette manière, la réserve de la cavalerie n'est pas appropriée à l'arme et ne remplit pas le but qu'on se propose, mais cependant elle devient une obligation imposée par la raison et la justice.

Puisque l'on est convenu d'avoir des troupes permanentes avec des réserves, voyons comment on doit les organiser et quels principes on doit suivre.

Pour résoudre ce premier point il est utile, avant tout, d'examiner les questions suivantes : devra-t-on, en temps de paix, organiser les régiments de cavalerie de manière à laisser seulement dans les rangs les hommes et les chevaux qui ont l'instruction suffisante pour faire le service de campagne, et envoyer dans des dépôts spéciaux les recrues et les jeunes chevaux jusqu'à ce qu'ils l'acquièrent, ou bien convenir que les uns et les autres s'instruiront dans leurs corps ? — Prendra-t-on un terme moyen en envoyant les recrues dans les régiments et en établissant des dépôts pour le dressage des jeunes chevaux ? — Si ceux-ci n'existent pas, comment réparera-t-on les pertes en temps de guerre ?

La question des dépôts de cavalerie n'est pas facile à résoudre : le grand nombre d'essais tentés particulièrement en Espagne, surtout depuis quelques années, le prouve assurément. Les dernières décisions ministérielles, contradictoires entre elles, embrassent tous les systèmes. Pesons les raisons qui sont en faveur des uns et des autres.

Les dépôts, disent leurs partisans, sont utiles et avantageux. Placé à la tête d'un dépôt, un chef particulier, secondé par un officier et des cadres choisis, recevant les recrues qui viennent de la campagne et les poulains de la remonte, leur donnant une instruction uniforme et d'autant plus perfectionnée qu'il a plus l'habitude de ce service, peut bien éviter tous les inconvénients qui empêchent l'instruction d'être bonne et rapide. Les corps ont de cette manière tout leur effectif disponible pour le service, sans avoir à s'occuper de l'instruction individuelle, ni du dressage, si ce n'est à guider les nouveaux arrivés pour les habituer au travail d'ensemble. En temps de guerre, on n'a plus à faire ces mutations continuelles dans le personnel et les chevaux des escadrons pour ne laisser que ceux qui sont utiles, mutations toujours préjudiciables au service ; on n'a pas non plus à improviser des dépôts qui par cela même qu'on les forme promptement, s'organisent ordinairement mal, avec beaucoup d'officiers et d'hommes de troupe, désireux de participer aux avantages et aux périls de la campagne, et qui ne se trouvent pas toujours réduits à cette position passive par la faute de leur âge ou de leur santé, uniques causes qui pourraient la leur faire supporter avec résignation, mais qu'ils souffrent avec peine quand elle leur est faite par le caprice ou la mauvaise volonté de leurs chefs.

Les couleurs de ce tableau sont un peu sombres et les choses ne se passent pas tout à fait de cette manière dans la pratique. On n'envoie pas toujours dans les dépôts ceux qui sont aptes à instruire, de sorte qu'au bout d'un certain temps on a bien des officiers que des circonstances de famille, et non leur aptitude, font solliciter par tous les moyens usités aujourd'hui, une position en quelque sorte passive qui leur évite des frais de voyage. Dans ces emplois, ils remplissent exactement leurs devoirs; mais la nature de ce service demande non-seulement de la bonne volonté de leur part, mais quelque chose de plus, ce qui est difficile, car il n'y a que ceux qui ont une inclination particulière pour certaines spécialités, ou un stimulant quelconque, qui s'en occupent sérieusement. La pensée que d'autres doivent recueillir le fruit de nos peines et de nos travaux n'est pas non plus un grand encouragement pour notre zèle. En outre, instruire à la fois des recrues et des jeunes chevaux est un contresens, parce que les premiers apprennent l'équitation sur des chevaux à moitié dressés auxquels ils donnent des vices et dont ils annulent les moyens, et parce qu'en outre, intimidés constamment et débutant mal, ils ne peuvent devenir bons cavaliers. Ainsi, les corps reçoivent une remonte dans de mauvaises conditions et des recrues à qui on suppose une instruction qu'ils n'ont pas et qu'il est très-difficile de leur donner ensuite.

Au contraire, quand les uns et les autres vont dès le commencement dans les régiments où ils doivent servir, tout favorise les bons résultats que l'on veut obtenir. Depuis le colonel jusqu'au dernier brigadier, tous ont un grand intérêt à les instruire le mieux possible. On peut toujours, parmi les officiers et les sous-officiers, choisir le personnel nécessaire à cet objet, et remplissant toutes les conditions qu'il exige ; il y a toujours un stimulant parce qu'on travaille dans un but utile pour le corps, à la vue des chefs qui ont le jour du combat à compter sur ceux qu'ils ont instruits, à côté des camarades qui profitent de toutes les ressources que leur suggère leur imagination pour se distinguer. L'instruction à cheval ne se fait pas avec des poulains, mais avec des chevaux qui savent obéir et qui, par cela même, se défendent moins facilement. Les jeunes chevaux, une fois dressés, sont donnés à de vieux soldats, le plus souvent à des sous-officiers et à des officiers qui achèvent leur éducation avec intelligence, ne leur demandent pas l'impossible et contribuent à leur développement et à leurs progrès par une direction bien entendue.

On ne peut nier que les dépôts soient indispensables en temps de guerre, car comment donner l'instruction en face de l'ennemi. Aussi, est-il certain que les difficultés qui se présentent chaque fois qu'il s'agit de les constituer sont très-nombreuses. Si les corps ne sont pas organisés de manière que, levant quatre escadrons de campagne, on puisse en laisser un de dépôt, ou bien ils se mettront en marche avec trop peu de force, n'ayant seulement que trois escadrons, ou ils auront à former des dépôts avec des recrues, des poulains et tout ce qui est inutile à la guerre, en mettant à leur tête des chefs et des sous-officiers nouveaux; ou, enfin, comme quelqu'un l'a proposé, il faudra renvoyer aux régiments qui sont loin du théâtre des opérations ce qui est inutile, et leur prendre ce qui est nécessaire pour les compléter sur le pied de guerre. Cette mesure nous semble la pire de toutes, parce que, sans compter les difficultés matérielles qui proviendront de ce transport continuel d'un point à un autre, de ceux qui passent des régiments aux dépôts et *vice versâ*, ces derniers finiront par se désorganiser complétement, et les autres ne pourront pas arriver en temps opportun sur le théâtre de la guerre. Enfin, organiser à l'improviste des dépôts avec des fractions de différents corps est un système qui ne résiste pas à la critique.

Il est nécessaire alors, ou que les corps aient plus de quatre escadrons, ou que l'on forme des dépôts en temps de paix. La première hypothèse est la plus admissible et à tous points de vue la plus convenable. Mais en temps de paix, tous les escadrons doivent être actifs sans qu'aucun d'eux ne soit désigné d'une manière spéciale comme dépôt. De cette manière, on soutient l'émulation, on peut choisir entre tous le personnel le plus propre à l'instruction. et les recrues mêlés depuis le premier jour avec les vieux soldats, apprennent avec facilité, sans effort, une multitude de détails très-utiles. Quand on doit entrer en campagne, on verse dans un seul escadron ce qui doit rester au dépôt, et quoique ce système ne laisse pas d'offrir des inconvénients comme tous les autres, ces inconvénients sont moindres que ceux que nous avons fait voir plus haut en discutant les autres systèmes.

Nous avons dit qu'on pouvait aussi organiser des dépôts en temps de paix, dans le but de mieux dresser les jeunes chevaux qui viennent de la remonte, et telle est l'opinion du ministre, d'après sa dernière décision. Mais pour nous, la respectant comme tout ce qui émane d'une si haute origine, nous croyons, nonobstant, qu'ils prendront chez nous leurs lettres de naturalisation ; car, qui peut être plus intéressé au dressage des chevaux que les officiers des corps ? En outre, ne parvient-on pas plus facilement à l'instruction d'un petit nombre qu'à celle de beaucoup ? Chaque régiment n'a-t-il pas un écuyer et des adjudants en nombre suffisant pour diriger et exécuter avec intelligence le dressage ? Et quand cela n'existerait pas, n'est-il pas possible de l'organiser ?

On a essayé un autre système de dépôts en Espagne, et il a duré pendant quelques années, non partout, mais à l'*École de Cavalerie.* Le but était de donner l'instruction seulement aux recrues pour les envoyer ensuite à leurs corps. Cet essai n'a pas entièrement réussi.

La cavalerie doit ainsi être organisée en régiments sans dépôt, et comme l'unité tactique et administrative est l'escadron, il convient de fixer le nombre d'escadrons dont se composera chaque corps ainsi que la force en hommes et en chevaux de chacun d'eux.

Celle-ci dépend de la totalité du régiment qui est limitée par cette condition, que les commandements du colonel doivent être entendus de toute la ligne, aussi bien sur le terrain d'exercice que sur le champ de bataille. Si toutefois on ne réussit pas à remplir entièrement cette condition, il est indispensable de rester le plus possible dans les limites qu'elle impose. La force d'un corps ne devra pas être trop nombreuse pour éviter d'avoir des escadrons difficiles à manœuvrer si on partage le régiment en un petit nombre d'escadrons, et pour fuir les inconvénients de la subdivision du commandement, si on en forme un trop grand nombre.

D'après les considérations précédentes, on peut limiter la force des régiments entre 560 et 700 hommes. Avec plus, il y aurait trop de difficulté à manœuvrer pour un seul chef ; avec moins, on ne suffirait pas aux exigences du service. Le nombre des escadrons ne dépassera pas cinq ; quatre, pour entrer en campagne, et un pour constituer le dépôt.

La force de chaque escadron sera de 140 hommes dont le quart seront démontés pour faire tous les services autres que le service à cheval. On aura ainsi des régiments de 700 hommes et de 525 chevaux, et des escadrons pouvant former quatre sections de douze files chacune.

Dans l'organisation de la cavalerie des nations européennes, on remarque plusieurs différences qui sont naturelles, parce que toutes ne sont pas établies sur un type commun et d'après la même idée. En France, tous les régiments ont six escadrons, et chaque escadron comprend 150 à 175 hommes. En Angleterre, les régiments ont quatre escadrons à 144 hommes; en Autriche, 6, dont un de dépôt, les escadrons de cuirassiers ayant 150 hommes, et ceux de cavalerie légère, 120; en Italie, les régiments de ligne sont sur le pied de 6 escadrons, et ceux de cavalerie légère, de 4 avec un de dépôt : ces derniers ont 173 hommes, les autres 165 ; en Prusse, à 4 escadrons de 152 hommes; en Russie, les régiments de la garde et ceux des 4e, 6e et 7e divisions de cavalerie ont 4 escadrons et un de dépôt ; ceux des 1er, 2e, 3e et 5e ont aussi 4 escadrons actifs et 2 de dépôt ; en Bavière, c'est le même nombre d'escadrons, et chacun est de 197 hommes.

On peut observer qu'en Autriche, en Russie et en Italie, les corps ont des escadrons de dépôt dans leur organisation sur le pied de paix. En France on forme les dépôts au moment de la guerre, en faisant contribuer les 6 escadrons à la constitution de leur état-major. Néanmoins pendant les dernières guerres de Crimée et d'Italie, les corps ont marché seulement avec 4 escadrons, les deux autres constituant le dépôt.

On notera aussi que, en Autriche et en Italie, les escadrons de la grosse cavalerie et ceux de la cavalerie légère sont d'inégale force parce qu'ils ont un but différent. Dans la première espèce de cavalerie ils sont plus nombreux que dans la seconde. Parmi les deux systèmes nous préférons l'italien, parce que le service des hussards et des chasseurs est plus fatiguant que celui des cuirassiers, ceux-ci doivent avoir une force supérieure. Nous trouvons raisonnable que les corps légers aient moins d'escadrons que les corps de grosse cavalerie, lorsque le nombre de ceux-ci est au-dessus de 4, parce qu'ils sont ainsi plus dans la main des chefs.

Avant de terminer cette rapide revue sur l'organisation de la cavalerie, nous ne pouvons manquer de faire mention d'une idée qui a préoccupé beaucoup de personnes et a produit, quoique sur une petite échelle, plusieurs essais.

Cette idée consiste à vouloir réaliser avec le même nom ou avec un autre, les anciens dragons.

Nous avons besoin de jeter un coup d'œil sur leur histoire. Créés au 16e siècle, à l'époque où l'invention, ou mieux encore la généralisation des armes à feu produisit dans les armées un vertige de réformes assez semblable à celui qui domine notre époque actuelle, sous le prétexte du perfectionnement des machines de guerre, les dragons firent fortune et on crut de bonne foi, presque partout et pendant longtemps, qu'ils remplissaient l'objet de leur institution. « C'était là une idée séduisante, dit Jacquinot de Presle, que celle d'avoir une cavalerie également habile à combattre à pied et à cheval, et qui réunisse les avantages des deux armes dont l'esprit et la tactique sont si en opposition. Ce bel idéal consiste en ce qu'elle peut combattre en ligne avec l'aplomb des cuirassiers, fourrager avec la dextérité des hussards, et combattre ensuite à pied en rivalisant avec l'infanterie en instruction et en précision dans le tir. Mais il fut prouvé, par malheur, ajoute-il, qu'après beaucoup de temps et beaucoup de peine, on n'obtenait qu'une troupe médiocre sous tous les rapports, et ceci résulte de tous les essais faits sur cette troupe, depuis le temps où les dragons n'étaient simplement que de l'infanterie à cheval, jusqu'à nos jours. » Cette troupe a été considérée, comme on le voit par les lignes qui précèdent, sous deux aspects distincts, comme de l'infanterie à cheval et comme une cavalerie apte à combattre aussi à pied.

Donnant à l'idée première un autre sens, on n'a plus voulu des dragons que la dénomination que l'on conserve encore, et sous laquelle, dans différentes armées, ils constituent un ou plusieurs éléments de la cavalerie (1), lorsque la fureur des réformes a été jusqu'à vouloir les ressusciter sous leurs deux aspects primitifs, et avec un tel enthousiasme, que quelques-uns ne prétendaient rien moins que de convertir toute la cavalerie en dragons. Quoique cette doctrine ait eu peu de partisans, en raison du côté trop absolu de l'innovation, on n'a pas abandonné l'idée première avant d'avoir fait auparavant des essais sur une grande échelle. D'après le général Re-

(1) En Autriche les dragons font partie de la grosse cavalerie, en France de la cavalerie mixte, en Angleterre de la grosse et de la légère. Nos lecteurs n'auront pas oublié le dernier essai d'un corps de dragons-francs, créé en 1833 en Russie, par l'empereur Nicolas, et dissous en 1856.

nard, le général d'Allonville, chef de la cavalerie du 1er corps français, fit en 1861 des expériences sur les combats à pied de la cavalerie. A cette époque, il avait déjà exercé une brigade de dragons et entrepris l'instruction d'une autre brigade de hussards. Son système consistait à numéroter de 1 à 4 les soldats de chaque rang : ceci fait, les numéros pairs ou impairs mettaient pied à terre, et donnaient les rênes de leurs chevaux à ceux de leurs compagnons qui restaient à cheval. Les officiers qui marchaient avec les hommes à pied étaient remplacés par d'autres pris parmi les serre-files. « Et l'escadron, dit le savant général belge, continuait tous ses mouvements comme si tous les hommes étaient à cheval. »

On prévoit que ce dernier point ne réussira pas exactement ; en outre, si on se prive de cette moitié de sa force qui devient ainsi inutile pour le combat, peut-on être assuré que l'autre moitié convertie en infanterie, remplira toujours bien sa mission ? Quelles espérances de succès aura-t-elle quand elle sera en face de l'infanterie légère ? Son instruction sur le tir sera-t-elle assez parfaite pour qu'elle puisse suppléer par le feu à son infériorité numérique lorsqu'elle fera face à une autre troupe à cheval. — Nous croyons que, maintenant comme auparavant et avec plus de raison même, on n'obtiendra avec ce système qu'une troupe médiocre à pied et à cheval, comme celle des temps passés dont parle M. Jacquinot.

Si l'idée d'une cavalerie qui combat à pied est généralement rejetée, il n'en est pas de même de celle d'organiser une infanterie à cheval, c'est-à-dire semblable aux premiers dragons. Le colonel baron d'Azémar, dans un livre déjà cité, l'a admise et a proposé la création d'un corps de cette espèce pour en essayer les avantages et les inconvénients. Afin que nos lecteurs comprennent bien la valeur des arguments sur lesquels il s'appuie, nous allons les exposer brièvement.

Il rappelle certains cavaliers grecs, les archers de la milice persanne, et les cavaliers espagnols dont parle Strabon, parce que tous étaient de l'infanterie à cheval, et l'auteur qui a étudié l'histoire, se plaît à la prendre pour base de ses raisonnements. Ensuite, suivant toujours la même voie, il parle du régiment de dromadaires que Napoléon organisa en Egypte, puis de différentes circonstances où les généraux et même les officiers subalternes, chefs de détachements, ont fait monter leur infanterie sur des mules ou sur de petits chevaux, pour la transporter avec rapidité d'un point à un autre. Ennemi déclaré de toute cavalerie appelée à combattre à pied, il ajoute : Enfin si on monte les fantassins sur des dromadaires, ou sur des mules, ou sur de petits chevaux, la vérité est qu'en principe, aussi bien dans l'antiquité que de nos jours, l'idée originaire de soldats se battant à pied et à cheval vient de ce qu'on les a employés toujours pour former de l'infanterie qui monte à cheval pour aller combattre à pied à de grandes distances, et non pour en faire une troupe à laquelle on aurait l'intention d'apprendre à combattre à cheval, comme il semble qu'on cherche à le faire actuellement. Il rappelle de nouveau les Numides et les Romains, parce qu'ils rendent sensibles à l'esprit les conditions que doivent remplir ces cavaliers et ces chevaux, conditions si différentes de celles obtenues jusqu'à présent, et il n'oublie pas les Scythes qui n'avaient qu'un cheval pour deux hommes et combattaient tantôt à pied, tantôt à cheval selon l'expression de Quinte-Curce. Après cette nouvelle excursion dans le champ de l'histoire, le colonel ajoute : Ce que faisaient ces anciens cavaliers on ne peut l'obtenir ni avec de la cavalerie de réserve, de la cavalerie de ligne, ou de la cavalerie légère, mais nous croyons que le but que se proposent quelques-uns aujourd'hui, de faire combattre à pied notre cavalerie, on l'atteindra en choisissant des fantassins, des zouaves par exemple, et en les montant convenablement sans prétendre en faire des écuyers. » Et comme conséquence de cette idée, il propose de créer un bataillon de zouaves montés. Nous sommes convaincus, ajoute-t-il, que nos vaillants zouaves, si habiles, si adroits, si courageux, pourront au bout de deux ou trois mois d'exercice, fournir des courses rapides avec de petits chevaux, sauter avec promptitude à terre, laissant leur monture à quelques hommes pour se réunir ou se diriger sur un autre point, et au besoin pourront faire le coup de feu à cheval comme les Arabes, sans prétendre pour cela être de grands cavaliers. Les zouaves dont il s'agit, organisés en bataillons ou en compagnies réunies aux régiments, rendraient infailliblement de grands services dans des circonstances données. On leur apprendrait à combattre à pied pour lutter contre les dragons actuels et les autres corps de troupe armés de fusils ; mais on ne les emploiera ainsi que par exception, pour ne pas les distraire de leur service spécial. « En un mot, ajoute-t-il pour conclure, s'il est nécessaire d'avoir dans notre organisation militaire des corps montés pour combattre à pied, que ce soit de l'*infanterie à cheval* et non de *la cavalerie à pied.* »

Puisque l'auteur aime tant à recourir à l'histoire pour appuyer ses arguments, nous aurons recours aussi à elle pour attaquer ses idées. — Pour quelle cause plaide le baron d'Azemar, si ce n'est pour les dragons primitifs ? ne confesse-t-il pas lui-même que ceux-ci finiront aussi par se convertir en cavalerie ? Et y a-t-il quelque raison pour que cet exemple ne se répète pas ? Sera-t-on sauvé de ces inconvénients, par hasard, parce qu'on substituera le nom de zouaves à celui de dragons ? En outre, penser que ceux-ci pourront se servir de leurs armes à cheval et faire feu comme les Arabes, sans être de grands cavaliers, nous paraît une supposition bien gratuite. En admettant que l'on donne à un cavalier européen toute l'instruction possible, jamais il n'arrivera, même avec la plus complète, à approcher de celle d'un Arabe, et ne sera pas maître comme lui de son cheval ; il ne pourra donc jamais se servir comme lui de ses armes.

De cette discussion nous conclueroas pour notre part, que renouveler l'institution des dragons n'est pas possible, à un aucun point de vue. Ceci ne veut pas dire que nous rejetons l'idée d'enseigner à la cavalerie à combattre à pied, d'après le système tenté par le général d'Allonville ou par un autre, mais au contraire avec réserve que l'application de cet enseignement ne sera jamais faite que dans des cas tout à fait exceptionnels, et sans oublier jamais que l'objet de la cavalerie c'est de combattre à cheval.

VII

Les inventions nouvelles ont le privilége de stimuler souvent l'imagination des hommes, et de les préoccuper au point de leur faire croire qu'elles peuvent s'appliquer à tous les objets qui ont quelques relations avec elles.

Hahneman trouve la loi des *semblables* et des doses infiniment petites, et il s'imagine avec elle seule renverser toute la science de la médecine, telle qu'elle a été comprise depuis Hipocrate et lui substituer son système nouveau, comme le plus efficace spécifique de toutes les maladies. Un autre voit dans les formes extérieures du corps humain, surtout dans celle de la partie supérieure, les indications les plus complètes sur les instincts et sur le caractère et les penchants de l'âme ; il arrive à beaucoup de s'illusionner au point de donner le crédit le plus complet aux signes indiqués par les phrénologues, et d'y ajouter plus de foi qu'aux preuves évidentes, quelquefois contraires, données par un individu pendant un long espace de temps.

Les armes à feu paraissent ; elles se généralisent au seizième siècle ; les cavaliers commencent à les adopter, tandis qu'ils diminuent la profondeur de leurs rangs, ils les multiplient et finissent par rejeter comme inutiles les armes blanches, qui avaient été si justement en honneur pendant un grand nombre de siècles.

Qu'importe que la cavalerie perde sa principale qualité, qui est la mobilité, qu'importe que ses feux soient de toute évidence bien inférieurs à ceux de l'infanterie ! Pendant l'espace d'un siècle, environ, elle se sert exclusivement de la carabine ou du fusil et se forme sur un grand nombre de rangs, comme si les rôles étaient changés et comme si elle devait résister aux charges et au choc de l'infanterie. Les Espagnols, les Russes et les Polonais, seulement, plus attachés aux anciennes coutumes, ou plus prévoyants, quoiqu'entraînés par le courant des idées et de la mode, conservèrent, bien qu'en petit nombre, quelques troupes à cheval armées de l'antique et formidable lance; mais l'aveuglement alla au point que Gustave-Adolphe, ce roi-général, qu'on regarde avec tant de raison comme un des principaux restaurateurs de l'art militaire, déjà au milieu du dix-septième siècle, décida que les troupes suédoises l'abandonneraient.

La même chose arriva avec les armures. Sous l'impression de l'idée que le fer seul peut lutter contre le fer, on augmenta l'épaisseur des armures pour se mettre à l'abri des coups d'arquebuse ou de mousquet au point que, suivant l'expression connue de Lanoue, les cavaliers finirent par employer pour armures de véritables enclumes de maréchaux; mais vint bientôt la réaction, et, à la fin de la guerre de Trente-Ans, plusieurs États les avaient déjà supprimées.

Combien de temps la cavalerie n'a-t-elle pas chargé au pas et au trot? Il est vrai que quelques généraux comme Condé, par exemple, éclairés par l'étoile du génie, la détournèrent momentanément de cette tactique irrationnelle et firent avec elle des prodiges, comme à Rocroy; mais on revint bientôt aux erreurs anciennes et ces brillantes leçons furent perdues pour tous. Il fallait attendre quelques siècles pour voir apparaître Frédéric et Seidlitz. Ils remirent ce courant débordé dans la véritable voie, c'est-à-dire qu'ils préconisèrent l'usage de l'arme blanche et des mouvements rapides et impétueux.

De ce que tous devraient fuir une erreur si réelle et si évidemment démontrée, il s'en suit. sous le prétexte que les armes à feu sont perfectionnées, une tendance plus ou moins grande à faire une rechute, si non grave, mais au moins bonne à être évitée. On ne refuse pas à la cavalerie ses conditions indispensables de mobilité, avant de vouloir faire de chaque cavalier un centaure; mais on prétend qu'il faut adopter les armes à feu non comme un auxiliaire secondaire des armes blanches, mais comme un élément de grande force, lequel pourra en bien des cas être le principal et quelquefois le seul dont on puisse se servir.

Le péril, en cela comme en beaucoup de choses, est d'exagérer un principe bon en lui-même. Qui doute que les armes à feu ne conviennent à la cavalerie ? A l'époque même où la réaction en faveur des armes blanches était la plus forte, on en a toujours employé. Aujourd'hui que le feu de l'infanterie est devenu pour la cavalerie un adversaire si terrible, il est naturel que celle-ci essaie de perfectionner ses armes et d'augmenter les ressources qu'elle peut en tirer. Il faut convenir, sans doute, malgré ce qu'en disent tous ceux qui se promettent merveille avec les carabines et les fusils entre les mains des cavaliers, que le feu de ceux-ci n'arrivera jamais à être très-formidable, et cela pour deux raisons. La première, c'est que la base du tireur manque de la stabilité nécessaire pour viser et tirer juste. Quelque tranquille que soit le cheval, et quelle que soit son habitude d'entendre la mousqueterie, jamais il ne reste immobile. La seconde, c'est le défaut d'instruction des cavaliers.

A ces deux inconvénients on a proposé un remède. Si le cheval, a-t-on dit, manifeste de l'inquiétude au bruit du feu, parce que l'explosion se fait juste à ses oreilles avec les carabines ou les mousquetons, du moment qu'on tirera au-delà de ses oreilles, en employant le fusil, sa mobilité cessera et le tir pourra être régulier. Si les soldats de cavalerie ne savent pas tirer, en leur montrant on réussira à leur apprendre aussi bien qu'à ceux de l'infanterie.

Il n'y a pas de doute que ces moyens n'aient quelque bon résultat et n'améliorent la situation. mais on ne doit pas en attendre un succès complet. La position à cheval offrira toujours de grandes difficultés pour bien tirer; quelque grande que soit l'immobilité obtenue, la base sera toujours instable. D'un autre côté, aujourd'hui que l'on prétend, et non sans raison, comme nous le verrons, perfectionner l'instruction individuelle de la cavalerie dans toutes ses branches, quand en même temps des tendances d'une autre espèce, auxquelles il faut céder, obligent de diminuer le temps de service, peut-on être sûr d'améliorer beaucoup l'instruction du tir? Comment peut-on espérer d'amener la cavalerie, qui doit satisfaire à tant de conditions variées, jusqu'à atteindre à la hauteur de l'infanterie qui est exclusivement occupée du maniement de son arme? Et quelle sera alors son importance si elle ne peut lutter avec elle par le tir, c'est-à-dire dans les combats à distance, puisqu'il lui sera impossible de soutenir la lutte, par suite des pertes énormes qu'elle fera avant d'arriver au combat corps à corps. Nos arguments pour fonder l'existence future de la cavalerie, comme partie fondamentale d'une armée, sont basés précisément sur ce que le feu de l'infanterie ne sera jamais dans la pratique ce que promet la théorie.

Cela ne veut pas dire cependant que l'on doive se priver du feu de la cavalerie, ni négliger son instruction sur le tir. Au contraire, dans notre modeste opinion, on doit faire tout ce que l'on pourra en sa faveur ; mais aussi il ne faut certainement pas tomber dans l'excès opposé, oubliant que son action principale réside dans sa vitesse et dans l'habileté de chaque cavalier à manier son cheval et ses armes blanches.

En France, où l'Empereur sait combien il importe de perfectionner tous les éléments d'une armée on a publié, le 20 janvier 1861, une instruction sur le tir du fusil rayé à l'usage des corps de cavalerie, dont le résultat, suivant plusieurs officiers compétents, doit être de donner aux soldats une pratique et une confiance dans le feu dont ils manquaient jusqu'alors, et certes nous croyons qu'on aura atteint cet objet.

Puisque l'on a reconnu la nécessité de donner des armes à feu aux troupes à cheval, quelles seront celles qu'il leur faudra et comment les répartira-t-on dans les différents corps de cavalerie ? Comme il y a trois espèces de cavalerie, la grosse cavalerie, la cavalerie de ligne et la cavalerie légère, cette dernière sera celle qui sera appelée à employer les armes produisant le plus d'effet. Une carabine de peu de poids et de petit calibre, qui peut être semblable à celle de l'infanterie, si les essais que nous avons faits pour diminuer celle en usage mènent, comme il faut le supposer, à un résultat favorable, est très-bonne pour les chasseurs et les hussards. Le service de la cavalerie légère étant de tous les instants, veut qu'elle puisse se défendre dans toutes les circonstances et sur tous les terrains. La grosse cavalerie qui a des chevaux et des hommes plus robustes, et dont l'instruction est moins étendue, parce que son service est plus restreint, devra aussi faire usage de carabines et s'exercer avec soin au tir, non pour lutter avec celui de l'infanterie (nous avons dit qu'on ne devait pas penser à cela), mais pour inquiéter la cavalerie quand elle est loin, aidée par l'artillerie à cheval qui doit toujours accompagner la cavalerie, et pour avoir une section de tirailleurs choisis dans les plus habiles tireurs du corps, chargés de tirer sur les officiers de cavalerie de l'ennemi et de faire l'office de flanqueurs à défaut de troupes légères. Ces soldats pourraient compter dans les escadrons avec la première classe, quoiqu'à notre avis il serait meilleur de créer une section de tirailleurs comme le propose le baron d'Azemar, par suite des inconvénients qui résultent du mélange dans un corps de soldats de différentes classes. Cette opinion de donner des armes à feu à la grosse cavalerie, était aussi celle de Napoléon Ier qui écrivait au prince d'Ekmuhl, le 20 mars 1815, dans ce sens : « le tiers des cuirassiers devra avoir jusqu'à présent des carabines en attendant qu'on puisse en donner à tous. »

Nous avons déjà indiqué qu'un des résultats produits au seizième et au dix-septième siècle, par l'introduction des nouvelles machines de guerre dans les armées, fut la suppression de la lance, qui avait été jusque-là l'arme principale de la cavalerie, suppression qui arriva au point que les Espagnols, les Russes et les Polonais seulement en conservèrent quelques-unes. Des siècles s'écoulèrent avant qu'elle revînt à la mode ; et si nous devons en croire les écrivains français, la charge faite par les Polonais en 1808 dans la Somosierra, révéla à Napoléon son importance et décida de la création ou plutôt de la transformation effectuée en 1811, des nouveaux régiments de dragons en autant de régiments de lanciers. Les importants services rendus par cette troupe dans toutes les guerres où elle a combattu, ont contribué à rétablir le crédit qu'elle avait perdu, au point que dans certaine nation cédant à des raisons politiques plus qu'à des considérations militaires on les supprima pendant quelque temps. Aujourd'hui il en existe dans tous les États de l'Europe en nombre proportionné à l'effectif de la cavalerie.

Ce n'est pas que tous les militaires soient partisans de la lance, mais c'est la grande minorité qui n'en reconnaît pas l'utilité. Beaucoup soutiennent, avec le maréchal de Saxe, que c'est la reine des armes ; d'autres, sans doute, ne lui accordent pas la même suprématie. Quelques-uns ne considérant que sa longueur seulement, supposent que celui qui l'emploie a un avantage incontestable sur les cavaliers armés seulement d'épées, ou sur les fantassins; quelques-uns la trouvent très-bonne dans les combats corps à corps, soit contre l'infanterie, soit contre la cavalerie. Tous, sans doute, conviennent que c'est une arme très-utile pour les poursuites.

Quoique la cavalerie mixte ou de ligne soit celle qui possède actuellement cette espèce d'arme, il ne manque pas de tacticiens qui la regardent comme convenable pour la grosse cavalerie et la cavalerie légère.

C'est avec le brillant succès que tout le monde connaît, que s'en servirent les cavaliers du moyen-âge, dont les combats étaient toujours individuels. Aujourd'hui son effet moral aussi bien sur les hommes que sur les chevaux est immense; et l'effet matériel, tenant compte de ce que à notre époque ces espèces de duels particuliers ne se voient que rarement, qui rompt les lignes ennemies est l'office des chevaux et est aussi d'une grande importance. Plusieurs écrivains pensent qu'on doit armer la grosse cavalerie de la lance. Le maréchal Marmont dit à ce sujet dans ses Voyages en Hongrie et au midi de la Russie : « La lance est, par la nature des choses, l'arme de la cavalerie de ligne, de la cavalerie de bataille et précisément celle des cuirassiers; mais les hommes se laissent toujours guider par la routine. C'est un contresens de la donner aux troupes légères et d'en priver celles de ligne dont les forces doivent être doublées. Les Cosaques forment une milice qui n'a pas d'analogue en Europe, mais ce n'est pas la lance par elle-même qui fait leur mérite; ils doivent leur supériorité à des circonstances particulières qui sont le résultat de leurs coutumes et de leur genre de vie. Je me crois autorisé à dire que la lance est l'arme principale de la cavalerie de ligne et le sabre simplement un auxiliaire, et que c'est avec lui et les armes à feu qu'on doit composer l'armenent des troupes légères. La routine et des préoccupations contraires s'opposeront pendant longtemps, sans doute, à ce bon résultat dont la vérité me paraît démontrée incontestablement. »

Cette opinion a été mise en pratique, quoique à moitié, parmi les Russes qui ont armé de la lance le premier rang de leurs cuirassiers et de l'épée le second rang, et pour nous il nous semble que c'est le meilleur parti. De cette manière l'un est disposé pour le choc, l'autre pour le combat individuel.

Ajoutons que quelques-uns veulent armer de la lance la cavalerie légère à l'exemple des Cosaques, des Croates et autres troupes légères nationales de plusieurs pays, et si cela n'a pas paru jusqu'ici avantageux, c'est à plus forte raison inadmissible aujourd'hui. Pour se battre seulement avec la lance, il est nécessaire d'avoir des soldats qui connaissent parfaitement l'équitation et soient très-vigoureux, des chevaux bien dressés obéissant à la moindre indication du cavalier ; et si même on peut réunir ces deux circonstances, ce qui est difficile, le service de la cavalerie légère, que l'on doit faire dans tous les terrains et surtout dans les terrains montueux, et qui, dans l'état actuel des choses, force à combattre de loin, repousse cette arme en question, et veut que la carabine la remplace. Le maréchal Marmont, que nous nous plaisons à citer, s'exprime ainsi à ce sujet : « Dans les pays où on a fait usage de la lance pour la première fois, on l'a donnée à la cavalerie légère. » Et certes on sait avec quelle facilité on adopte les inventions. Chez les nations même les plus civilisées on a une confiance aveugle dans l'autorité de l'exemple, sans remonter à l'origine ni aux circonstances qui l'expliquent, et sans tenir compte de beaucoup de différences essentielles d'où résultent des applications défectueuses et peu raisonnables. D'ou vient l'idée d'armer de la lance les troupes légères à cheval suivant l'exemple donné par des peuples belliqueux conme les Cosaques et les Arabes? Ces peuples habitent des plaines où les chevaux sont nombreux, combattent sans instruction et sans règle et tirent admirablement parti de la lance. Ainsi on a dit de ces troupes légères : « la lance appartient à la cavalerie légère, on n'a pas assez cherché l'origine et le but de cette arme, et on n'a pas pesé les raisons qui font que ces peuples l'emploient avec tant d'habileté. »

Dans un pays barbare, ajoute-t-on, où aucune industrie n'a pénétré, où il n'existe ni manufactures, ni fabrique d'armes, où il n'y a pas d'argent pour en acheter à l'étranger, mettre un homme à cheval et l'armer avec une branche d'orme longue et de peu de poids, pointue à l'extrémité, durcie au feu, c'était tout naturel; et c'est ainsi que fut imaginée la lance.

Depuis on a forgé une pointe de fer, on l'a placée à l'extrémité, et cette arme est devenue plus dangereuse. Cette même lance, avec une pointe de fer plus travaillée, est celle qu'ont adoptée les troupes régulières. « Ainsi ce n'est pas par goût que les Cosaques et les Arabes se sont armés de cette manière, mais bien par nécessité. Et s'ils sont arrivés à se faire craindre par leur adresse à manier la lance, c'est parce qu'ils s'y sont exercés dès l'enfance; mais ils ne doivent pas servir d'exemple aux autres troupes légères qui dans les pays civilisés ont une organisation spéciale. » Ces raisons nous paraissent concluantes.

De toute la discusion précédente nous pouvons déduire que le premier rang de la grosse cavalerie doit être armé de la lance, le second rang ainsi que la cavalerie légère doivent l'être avec la carabine; la cavalerie mixte ou de ligne doit être armé de la lance. Les lanciers doivent avoir un revolver, et comme complément des armes offensives l'épée ou le sabre droit, ce dernier principalement pour les cuirassiers.

Mais les dragons, dira-t-on? Dans les États où on s'en sert encore non comme arme spéciale (1),

(1) Nous avons déjà dit qu'en Russie ils avaient été supprimés. L'Autriche les a supprimés de même en 1860, excepté deux qui rappellent sans doute de glorieux souvenirs, l'un porte le nom du prince Eugène de Savoie, l'autre celui du prince de Windischgraetz.

mais comme troupes simplement ornées de ce nom par souvenir historique et à cause de l'esprit de corps que la tradition a conservé, il faut les classer jusqu'ici parmi la cavalerie mixte et les armer de carabines.

A ceux qui demandent les armes à feu pour la cavalerie il semblera mauvais sans doute que nous les donnions à toutes les espèces de cavaleries excepté aux lanciers ; mais nous avons déjà dit qu'on ne devait pas considérer celle-ci comme l'armement principal, mais comme un accessoire et nous répétons qu'il est nécessaire de faire comprendre que l'on n'obtiendra jamais la victoire qu'avec les armes blanches, les armes à feu ne servant uniquement qu'à se défendre dans toutes les circonstances où les difficultés du terrain et d'autres causes ne permettront pas d'aborder l'ennemi et de le charger.

Arrivons maintenant aux armes défensives, dont il ne reste plus depuis plus de deux siècles que les casques et les cuirasses. Les opinions sur ces derniers ont tellement varié, qu'on les a vues dans un petit espace d'années disparaître et reparaître dans les armées. En France, on cessa de les employer pendant presque tout le règne de

Louis XIV ; à la même époque, les Allemands les conservaient ; et quand on revint à leur usage pendant les dernières années du Grand Roi, alors Charles XII les supprima. Au commencement de la Révolution, la France avait seulement un régiment de cuirassiers. La Prusse marcha dans les mêmes errements, et enleva la cuirasse aux corps qui étaient en Silésie, et aux escadrons qu'elle envoya en expédition en Hollande. Napoléon revint aux cuirassiers, et tout le monde connaît les brillants faits d'armes de cette troupe pendant les guerres du consulat et de l'empire, et spécialement pendant notre guerre de l'indépendance. Aujourd'hui une nouvelle réaction s'est formée contre les cuirassiers. L'Angleterre les a supprimés tous, à l'exception du régiment de horse-guards ; en Autriche on en conserve le nom, mais on a supprimé les cuirasses ; en Russie, on les a laissé seulement aux régiments de cuirassiers de la garde, et quelques-uns pensent qu'on doit les enlever à tous les corps. Nonobstant, on les conserve en Prusse, en France, en Espagne, en Italie, en Bavière et dans d'autres États.

Quelles raisons a-t-on, après que leur importance a été démontrée pendant les guerres de la

Révolution et de l'Empire, c'est-à-dire sur le terrain de la pratique, le seul qui ait autorité dans un pareil sujet, quelles raisons a-t-on de vouloir faire prédominer l'opinion contraire, quand les luttes de ces derniers temps, dont les péripéties sont connues de tous, n'ont pas donné de motifs pour un changement si radical? Les armes rayées rendent-elles inutiles cette espèce d'arme défensive, parce que leur force de pénétration est plus grande, ou bien prétend-on alléger le poids de la grosse cavalerie pour lui donner la mobilité de la cavalerie légère?

La première supposition est erronée. Les premières armes ont une plus grande portée que les anciennes, le tir est plus exact; mais nous avons déjà dit que la vitesse initiale est moindre, et par suite aussi, sa force de pénétration moins grande. Pour cette raison, on devrait alors admettre et même augmenter le nombre des cuirassiers.

L'autre raison est plus fondée. Sans prétendre que ces derniers rivalisent avec les hussards, on comprend que quelques-uns veuillent augmenter la rapidité de leurs mouvements, d'autant plus que celle-ci paraît la condition première des succès futurs de la cavalerie. Mais cette raison est-elle suffisante ? Le sort des cuirassiers est de combattre contre l'infanterie ennemie ou contre la cavalerie. Dans le premier cas, ils ne doivent apparaître qu'au moment où le feu de l'infanterie et celui de l'artillerie ont préparé son attaque. Et vraiment, son action comme celle de toute espèce de cavalerie est celle du moment, et c'est en cela que son emploi est difficile ; mais on ne doit pas confondre le moment d'attaquer, avec celui où on s'approche de l'ennemi pour en venir aux mains. Celui-là est unique et quelquefois il ne se présente pas dans tout le cours d'une bataille. Aujourd'hui, cet instant est plus périlleux qu'autrefois, mais le poids des cuirasses n'augmentera pas le danger, au point que les pertes qu'elles occasionneront ne seront pas compensées par celles qu'elles éviteront en arrêtant les projectiles qui auraient blessé ou tué sans ces armures. Et lorsqu'il est question de combats de cavalerie, qui met en doute la supériorité des cuirassiers sur les autres troupes ennemies ? Le général Marbot parlant du combat de Ratisbonne, rapporte le fait suivant que nous recommandons aux adversaires de la cuirasse. « Les cuirassiers autrichiens se placèrent en face des nôtres. Les cavaliers légers des deux côtés se séparèrent pour ne pas être écrasés par ces deux formidables masses, qui s'avançant avec rapidité l'une contre l'autre se traversèrent, et en un instant n'en formèrent plus qu'une seule.

Le combat à la fois terrible et majestueux, n'était éclairé que par le faible crépuscule du jour et par un léger clair de lune : les cris des combattants étaient étouffés par le bruit de plusieurs milliers de casques et de cuirasses de fer qui s'entrechoquaient, et desquelles les coups multipliés des sabres faisaient jaillir des millions d'étincelles. Français et Autrichiens luttaient à qui serait le maître du champ de bataille. Des deux côtés, égale valeur, même ténacité, même nombre ; mais les armes étaient différentes et le résultat fut aussi différent. Les cuirassiers autrichiens avaient comme les Français la tête et la poitrine protégées, mais leurs épaules étaient découvertes, de sorte, qu'ils recevaient bon nombre d'estocades dans les côtes, tandis que leurs adversaires n'étaient occupés qu'à frapper. Garantis comme ils l'étaient sur les épaules, les Français en tuèrent un grand nombre sans avoir éprouvé beaucoup de perte. »

Un combat si inégal ne pouvait durer longtemps. Les Autrichiens furent enfin obligés de céder le terrain et de se retirer malgré leur valeur remarquable. Les épaulières sauvèrent la vie à beaucoup de cuirassiers français. Et le géneral Marbot ajoute : « que le rapport entre les blessés autrichiens et ceux des Français fut de *huit à un*, celui des morts de *treize à un*, » et il conclut en disant : « Les cuirassiers autrichiens qui s'avancèrent à une grande distance de leur armée pour attaquer résolument un ennemi victorieux, se sacrifièrent avec un courage admirable, pour faciliter à leurs colonnes la retraite ; mais s'ils avaient eu des armures pour leurs épaules, il est prouvé qu'avec une si grande valeur, ils auraient été victorieux, ou au moins leurs pertes auraient été moins grandes et leur retraite moins meurtrière. » Et qu'est-ce que c'eût été encore, s'ils n'avaient pas eu la poitrine couverte? — Cet exemple prouve bien d'une manière évidente l'avantage et bien plus la nécessité de la cuirasse. Seulement, quand la constitution des chevaux et des hommes n'est pas assez vigoureuse pour supporter son poids durant une campagne, il faut bien supprimer une si utile défense.

Pour conclure, nous allons parler sommairement de l'habillement, de l'armement et de l'équipement. Le caractère de cet écrit et nos connaissances en cette matière ne nous permettent pas de nous étendre ; nous n'avons pas servi dans cette arme, et nous n'écrivons ces quelques lignes sans prétention, que par pure affection pour cette arme.

Dans ces derniers temps, on a écrit sur la cavalerie, principalement en France où on s'en est occupé à différents points de vue. « Pendant quarante-cinq ans, dit M. Longuet dans ses *Méditations de caserne*, on ne s'est guères occupé que de savoir si le casque doit avoir une crinière ou non, si le pantalon doit être gris, vert ou garance, si la bande doit être d'une couleur ou de deux, si on doit employer une schabraque ou un caparaçon, ou autre futilité de ce genre, et pendant ce temps, les artilleurs qui conservent toujours leur ancien pantalon, ont fait une révolution dans leur tir et leur matériel. » Il est certain, dit M. Martin (1), que depuis trente ans, tandis que l'artillerie a subi des transformations si complètes,

(1) Méthode de dressage du cheval de troupe. *Spectateur militaire.*

tandis que l'instruction de l'infanterie s'est développée de jour en jour, et que le fantassin plus agile arrive chaque jour à porter ses feux jusqu'à des distances qui paraissaient impossibles, la cavalerie s'est maintenue dans un statu-quo sensible, et s'est laissée dépasser par les autres armes dans la voie des progrès. Dans le *Manuscrit d'un officier de cavalerie*, on lit le passage suivant : « Aujourd'hui, à cette heure même, nous ne sommes fixés sur aucune des questions les plus importantes relatives à notre arme, sur celles qui ont rapport à son existence, qu'une longue pratique devrait avoir réduites en axiome, et qui au contraire sont le plus mises en doute. Je suis enhardi à dire, ajoute-t-il, que nous ne savons même pas donner à boire ni à manger à nos chevaux, et que nous ne sommes pas seulement sûrs des moyens les plus convenables à employer pour leur conservation. Cet aveu est pénible, sans doute, mais il est l'expression exacte d'une vérité déplorable. De sorte que pendant que la cavalerie compte déjà des siècles d'existence, nous, ses officiers et ses maîtres, nous sommes moins avancés que les cosaques et les arabes du désert. »

Nous pourrions multiplier les citations. Nous

les avons tirées des écrivains étrangers pour deux raisons : la première, pour prouver qu'aujourd'hui l'infanterie dans toutes ses parties a atteint la perfection, à peu de chose près; la seconde, pour prouver à quelques-uns, imbus d'idées contraires, que si notre cavalerie est en retard, il en est de même chez les autres nations, qui, vues à distance, paraissent être bien en avance sur nous.

Revenant à la question qui nous occupe, dont nous nous sommes un peu écarté, nous dirons que l'on doit étudier sans délai les réformes nécessaires à l'habillement, à l'équipement et à l'armement. Si la cavalerie exige chaque jour plus de rapidité et plus de mouvement, il est nécessaire que le soldat, spécialement celui de cavalerie légère, ait un vêtement commode et ample, que son équipement soit le meilleur possible, et d'un volume et d'un poids très-petit, que l'armement, tout en ayant la solidité indispensable, soit allégé et fabriqué de manière à ne pas blesser les chevaux. Nous sommes obligés de dire que quand on résoudra ces problèmes, le meilleur moyen sera celui qui conduira au meilleur résultat pratique, afin de s'écarter de la routine suivie jusqu'à ce jour, qui consistait à habituer le cheval à de courts exercices et à porter en temps de paix de légers fardeaux, de sorte qu'à son entrée en campagne, il supportait une transition très-grande. Les promenades hygiéniques se changeaient en marches forcées, les stalles d'écurie en campement, le poids de la couverte, le seul qu'ils avaient coutume de porter aux promenades, s'augmentait de celui de l'armement, de l'équipement, des vivres, etc., et les pertes produites par ce système erroné annihilaient la cavalerie, comme fut annihilée celle des Français pendant la dernière guerre d'Italie. Aux officiers de cette arme, on pourrait dire ce que M. de Talleyrand disait aux agents diplomatiques de l'empereur : *Surtout point de zèle.*

VIII

Après avoir organisé, armé et équipé la cavalerie de la manière la plus convenable, il est du plus grand intérêt de bien l'instruire et de la mettre en état de répondre à toutes les exigences de son service. Nous avons, dans le chapitre précédent, cité plusieurs passages de différents officiers distingués de cette arme, d'un jugement exact, qui expliquent la raison pour laquelle elle est restée stationnaire si longtemps ; c'est parce qu'on ne s'est occupé que de détails insignifiants, sans chercher à perfectionner ses éléments ou à en introduire de nouveaux. Si on veut alors sortir de cette situation, il est urgent de se résoudre, avec une volonté arrêtée, à suivre le véritable but, à s'occuper d'améliorer l'instruction qui aujourd'hui est si faible, non parce que les officiers n'ont point l'amour de leur arme, ou le zèle nécessaire pour remplir exactement leurs devoirs, mais parce qu'on s'est jusqu'ici placé à un point de vue généralement faux.

Il faut d'abord viser à ce que les soldats soient bons cavaliers, et que les chevaux obéissent à toutes les indications, de manière qu'au lieu de la lutte qui se déclare constamment entre les uns et les autres, il y ait accord parfait et volonté unique ; c'est cela que l'on doit rechercher avant tout. On augmentera alors la rapidité, la mobilité de la cavalerie ; c'est-à-dire que l'on perfectionnera ainsi les deux éléments que l'on doit développer le plus dans la cavalerie. Et alors, quand arrivera le jour où il faudra prouver par la pratique les résultats obtenus, cesseront toutes ces clameurs injustes et répétées qui ont fait leur temps, et qu'il importe de faire taire complètement.

On comprend bien qu'avant que la troupe puisse acquérir cette instruction pratique, il est nécessaire auparavant que les officiers et les sous-officiers possèdent bien la théorie et fixent leurs idées, sinon sur tous les points, au moins sur ceux qui ont le plus d'importance. Mais l'impulsion doit venir d'en haut. L'officier n'a ni le temps, ni les moyens, ni les ressources, ni l'autorité indispensables pour se faire le promoteur des améliorations. Il appartient seulement aux sommités de l'armée qui font partie de la cavalerie et qui réunissent le savoir et les connaissances spéciales, de fixer les bases, d'accorder les systèmes, de résoudre les doutes et de trancher les questions.

Quant à nous, qui n'appartenons pas à cette arme, loin de nous la pensée de vouloir imposer nos idées. Si nous avons pris la plume, ce n'a pas été dans le but d'élever un édifice, mais de préparer seulement les matériaux ; et nos raisonnements n'ont d'autres prétentions que de servir d'éclaircissements à la discussion.

Pour indiquer, quelque sommairement que ce

soit, les réformes nécessaires, il faut étudier séparément ce qui a rapport aux officiers, aux sous-officiers et aux soldats.

Les premiers viennent de deux sources différentes. Les uns entrent dans l'armée en sortant des colléges et des académies militaires; les autres commencent par servir comme soldats dans les corps. Ayant ensuite tous le même service, et pouvant également aspirer aux emplois supérieurs, leur instruction doit être autant que possible la même, quels que soient les moyens employés à l'acquérir. Nous n'avons pas besoin de dire que nous désapprouvons complètement le système des cadets placés dans les corps.

Instruction des officiers. — L'instruction théorique des officiers, la seule qu'ils peuvent recevoir dans les colléges militaires, doit tendre exclusivement vers les connaissances indispensables à la spécialité de leur arme, en laissant de côté tout ce qui ne s'y rapporte pas d'une manière directe. Parlant sur ce sujet, et s'appuyant sur ce que la partie élémentaire de ces connaissances est commune aux officiers des différentes armes, quelques-uns ont proposé de faire faire les études élémentaires dans un même collége ou académie, et de les faire compléter ensuite dans les écoles spéciales, afin de rendre l'instruction de l'armée la plus uniforme possible, et afin de créer les habitudes de camaraderie et d'amitié, qui doivent exister entre les officiers comme entre tous les membres d'une même famille. L'expérience a démontré parmi nous l'excellence de ce système d'éducation dont nous sommes partisans déclarés. Toutes les armes et tous les services comptent un grand nombre de chefs et d'officiers, sortis de l'ancien collége général militaire, dont les brillantes qualités et les connaissances, appréciées de tous, font regretter l'ancien système.

Quand les cadets et les sous-officiers sont parvenus au grade d'officier, on doit chercher à augmenter leur instruction pour qu'ils soient en état de remplir convenablement les emplois supérieurs de l'armée. Aujourd'hui on s'applique surtout à ce qu'ils n'oublient pas les réglements tactiques et les ordonnances. On atteint ce but au moyen de quelques conférences périodiques dans les corps, dans lesquelles on fait habituellement réciter de mémoire quelques articles des réglements, et quelques commandements avec l'explication de plusieurs mouvements de manœuvres. Les revues d'inspection, qui servent d'examens à la suite de ces cours, où on étudie toujours les mêmes matières de la même manière, sont pour beaucoup le terme de leurs efforts de plusieurs mois employés à répéter les textes à la lettre, textes qu'ils n'auraient pu retenir sans ces répétitions fréquentes. Ceux qui se sont livrés à cette gymnastique de la mémoire, s'appelaient il y a peu de temps, et se nomment encore entre nous *Théoriciens*, et sont considérés comme doués d'un mérite très-élevé. Ces erreurs d'un système reconnu mauvais et peu rationnel, doivent disparaître comme dangereux. Les académies ne sont, et ne doivent être guères que des écoles primaires où on apprend le catéchisme. Faire des conférences sur les divers sujets de l'ordonnance, étudier les manœuvres, en expliquer les raisons et exposer les circonstances dans lesquelles chacune doit servir, traiter du service de garnison et de campagne, des reconnaissances, de ce qui regarde son arme spéciale, et des généralités sur les autres, lesquelles sont indispensables pour bien savoir faire mouvoir la sienne, de la science militaire, des faits qui ont distingués l'arme dans laquelle on sert, tout cela, et autre chose analogue, sont les sujets qu'il faut traiter dans les académies. L'utilité se reconnaîtra d'elle-même ; la variété rendra sans doute cet enseignement agréable, et le désir d'instruction germera dans beaucoup, qui faute de base et de moyens, regardent les livres avec horreur.

La difficulté à résoudre la question ne vient pas de ce qu'il manque d'officiers aptes à diriger les académies. Il n'y a pas un corps dont le colonel ne trouve un chef remplissant les conditions nécessaires ; beaucoup mêmes se chargeront avec goût d'une occupation si intéressante, et il n'en manquera pas qui pourront parler convenablement sur la majeure partie des sujets. Ceux qui ne pourront le faire, l'apprendront en écoutant leurs camarades et leurs chefs, et au bout de quelque temps ils auront plus gagné qu'avec l'ancien système, surtout si on récompense avec équité ceux qui se distingueront, en leur donnant un avancement plus rapide. L'émulation produira alors des résultats non douteux. Le complément de ce système, serait la création de bibliothèques militaires où les officiers pourraient puiser les connaissances nécessaires pour se perfectionner.

Sous-officiers. — Cette classe mérite une attention spéciale. Elle sert constamment d'intermédiaire au soldat, et lui donne sa première instruction militaire, le forme à la discipline qui est le complément de son éducation. Mais pour bien remplir ses devoirs, il faut les connaître à fond et avoir quelques espérances d'arriver aux emplois supérieurs. Les sous-officiers ont donc besoin d'instruction et d'émulation. Fermer les portes de l'avancement, c'est détruire une ambition honorable dont parle notre ordonnance, et la convertir en aspirations et en désirs peu légitimes. Laisser dans l'ignorance les sous-officiers, c'est leur fermer les portes de l'avenir.

Il faut, autant dans leur intérêt que dans celui de l'armée, leur faciliter le chemin. La difficulté consiste dans la manière d'y parvenir ; heureusement les moyens ne manquent pas, et comme ils sont dans un cas différent de celui des cadets, ceux-ci, seront aussi différents.

L'instruction qu'ils doivent acquérir pour être officiers, peut se diviser en deux parties : l'une qui comprend les connaissances indispensables des sciences spéculatives, telles que l'arithmétique, la géométrie, la géographie, l'histoire générale ; l'autre qui a rapport à l'art militaire, la tactique, la comptabilité, la législation militaire, etc.

Nous ne voyons pas d'inconvénient à ce que l'on charge d'enseigner les premières par quelques professeurs civils, et il y en a toujours dans les chefs-lieux de province, où les troupes tiennent ordinairement garnison, et les autres par un adjudant, ou un autre officier qui soit apte à ces fonctions.

Un cours de six mois à l'école d'application de l'arme servira à les préparer à bien remplir l'emploi auquel ils aspirent. L'espérance de parvenir les aidera beaucoup à suivre cet enseignement.

Soldats. — Nous ne partageons pas l'idée de ceux qui voudraient que l'on enseignât à lire et à écrire à tous les soldats. On ne peut convertir les corps en écoles primaires, et on n'en aurait même pas le temps lorsqu'on le voudrait. Le soldat de cavalerie a bien assez à apprendre pour être un bon cavalier, pour manœuvrer bien ses armes, connaître les lois pénales et les obligations de son service, telles que les explique l'ordonnance, et c'est à cela seulement que doivent se borner toutes ses aspirations.

Qui met en doute le côté défectueux du système suivi jusqu'à ce jour? La base de ce système était l'instruction d'ensemble, tandis que celle-ci doit être individuelle, aujourd'hui surtout. Jusqu'ici, on n'a songé qu'aux escadrons, il est nécessaire maintenant de penser aux soldats ou, pour mieux dire, à l'homme de troupe. Avant ils savaient assez d'équitation pour s'encadrer dans le rang, maintenant il faut que le soldat soit un véritable cavalier, qui marche et sache combattre isolément. Quand il le saura, son instruction sera suffisante pour que les mouvements d'escadron et de brigade puissent s'exécuter avec exactitude sur le terrain de manœuvre aussi bien que sur le champ de bataille, pourvu que les officiers fassent bien les commandements et que les guides conduisent bien les hommes suivant les prescriptions du règlement.

Quand on parle de l'instruction du soldat de cavalerie, on suppose qu'il monte un cheval obéissant à ses indications et se soumettant à sa volonté, ce qu'il n'est pas si facile d'obtenir, comme on peut le croire à première vue. Il est nécessaire pour cela d'adopter un système rationnel qui conduise au but et économise les forces du cheval, et dans lequel on emploie tout ce qui sert à le préparer à la haute école; c'est-à-dire éviter les excès d'une instruction insuffisante et ceux d'une instruction trop raffinée. Quand on fit, en 1763, la paix en France, le gouvernement fut assailli, comme aujourd'hui, de nombreuses plaintes contre l'ignorance des soldats de cavalerie, concernant l'équitation. Guibert, dont les écrits s'efforçaient si éloquemment de supprimer les abus et d'indiquer les réformes, disait, parlant de ce qui se passait alors chez nos voisins : on se plaint avec raison au gouvernement que le grand vice de la cavalerie française consiste dans le manque d'instruction, et qu'il faut, avant d'enseigner l'école d'escadron, former sérieusement le simple cavalier, et le gouvernement, convaincu de cette vérité, ordonna de construire des manéges. On chercha des maîtres d'équitation et on se montra disposé à accorder des faveurs à tous ceux qui montraient du zèle et de l'aptitude pour les nouvelles méthodes. Les têtes s'échauffèrent et on organisa des écoles d'équitation dans toutes les places et dans tous les quartiers. On considéra comme de bons officiers seulement ceux qui manœuvraient bien un cheval au manége; les anciens soldats n'avaient pas la souplesse ni la grâce nécessaire, et on voulait les renvoyer du service. On pensait de même des officiers. On aurait dit que toute la science de la cavalerie s'apprend dans la poussière des manéges.

Mais au milieu de cette effervescence, on ne fixa pas les principes de l'équitation, on ne fit guère plus que de les discuter et de les changer. Les opinions se partagent entre deux systèmes différents, sans compter bon nombre de méthodes particulières inventées par les chefs de corps. Les années s'écoulent, les chevaux se ruinent, et les soldats s'en vont. Dans chaque corps, il se forma lentement et successivement quelques officiers écuyers, quelques sous-officiers et soldats qui sont bons cavaliers, mais, successivement aussi, ces derniers accomplissent leur temps de service et sont remplacés par des recrues ; de nouveaux chevaux remplacent ceux qui étaient dressés et ruinés, car ces deux mots sont synonymes lorsqu'on les destine au manége. Enfin, c'est un mouvement continuel d'individus et de principes. Dans ces écoles où sont exagérés les détails et la précision, tout s'use, hommes, chevaux et, ce qui est plus précieux, le temps; ce temps fugitif qui ne revient pas, que l'on devrait employer à former de grands camps d'instruction, à exécuter de grandes manœuvres et à en étudier les résultats. » Et voilà précisément l'excès qu'il faut éviter.

Ce qui est nécessaire aujourd'hui a été parfaitement indiqué dans l'exposition faite en 1859 par le ministre de la guerre à son souverain, lorsqu'il lui proposa les bases du *travail individuel* de la cavalerie, bases que celui-ci a adoptées. « Une instruction pratique qui donne de l'initiative au soldat, lui apprenne à se servir avec utilité de ses armes, à manœuvrer facilement à cheval sur tous les terrains, et à toutes les allures, qui, en même temps, accoutume le cheval aux exercices isolés et libres, pour que son agilité et son adresse se développent, et qu'il devienne un instrument énergique et docile dans la main de celui qui le conduit. » Le ministre, d'accord avec Guibert, ajoute : « qu'il est nécessaire de prohiber toute innovation qui tendrait à propager des principes frivoles d'équitation, toujours préjudiciables à la conservation des chevaux. L'écrivain cité, en parlant comme ministre de ce que l'on doit enseigner aux hommes de troupe, dit : « Ce que j'entends par bon soldat de cavalerie, ce n'est pas un écuyer, c'est-à-dire un homme qui monte à cheval avec grâce et adresse, mais un homme robuste, placé comme on doit être, suivant la conformation du corps, pour avoir plus de facilité à gouverner son cheval et qui le dirige à sa manière plus que par les aides et les finesses de l'équitation, par les jambes et la main, par son union intime avec le cheval. C'est un homme intrépide à cheval, moins instruit que brave, qui ne rencontre rien d'impossible; en outre, un homme qui ait soin de son cheval et y soit aussi attaché qu'un fantassin à son fusil, qui connaisse tous les détails relatifs à sa conservation, qui ait fait des campagnes et soit familiarisé avec les combats, les fatigues et les accidents, et ne s'étonne de rien. »

Nous avons voulu appuyer notre opinion sur des autorités incontestables, afin de lui donner plus de poids. Ce sujet est une question des plus importantes pour la cavalerie. Si on continue ainsi à marcher dans une voie fausse, si on ne fait une réforme prudente, bien élaborée par les chefs les plus compétents de l'arme, soigneusement examinée en ce qui a rapport à la pratique, chaque jour augmenteront les murmures qui se font entendre contre les troupes à cheval; on fera ressortir son peu d'importance et son prix élevé, et cette hostilité, en partie injuste et en partie raisonnée, produira la désunion entre ses membres et sera le signal de sa ruine.

En France, on est convaincu depuis quelques années de sa nécessité. En 1859, le ministre de la guerre, le maréchal Randon, ancien officier de cavalerie, se préoccupa vivement de ces questions. Il prescrivit au conseil d'instruction de l'école de Saumur de rédiger quelques instructions sur le travail individuel. On les envoya dans les corps avec ordre de les mettre aussitôt en pratique. Les chefs convinrent, dès le principe, que les soldats acquéraient plus d'assurance et de dextérité dans la conduite de leurs chevaux hors des rangs, mais que beaucoup rencontraient de la difficulté dans les mouvements compliqués et difficiles; ils croyaient l'application un peu trop générale et craignaient que les chevaux ne fussent ruinés par excès de fatigue. Le ministre insista pour que l'on poursuivît les essais, rappelant la nécessité d'augmenter la mobilité et l'instruction, dans le but d'établir une union plus intime entre le cheval et le cavalier. Les années 60 et 61 furent employées à expérimenter le nouveau système; on travailla avec beaucoup d'assiduité et on obtint de grands résultats. Au bout de ce temps, après que l'on eût consigné quelques observations, on rédigea un règlement définitif, pour l'examen duquel on réunit une Commission présidée par le ministre, et composée des membres du Comité consultatif de cavalerie et des inspecteurs généraux de l'arme qui étaient à Paris et, à la suite de cet examen, on publia le règlement du 8 avril 1862.

Comme tout ce qui est le produit de l'esprit humain, ce règlement n'atteint pas les limites de la perfection. Beaucoup d'officiers y trouvent des défauts considérables. L'un d'eux, c'est qu'il exige deux cent cinquante leçons, et qu'il faudra au moins quatre années pour les exécuter approximativement; c'est-à-dire juste le temps assigné aux classes pour demeurer dans les rangs, avant de passer dans la réserve. Il y a en outre à craindre que l'on ruine beaucoup de chevaux. Le premier inconvénient est grave, le second est quelquefois un peu exagéré. Quel qu'il soit, il aura rempli son but, et la pratique y apportera de nouvelles modifications qui le mettront à sa perfection.

Mais la base de l'instruction individuelle, c'est un cheval docile et obéissant, qui réponde sans difficulté à la volonté de celui qui le monte; en un mot bien dressé. Prétendre qu'une recrue doit apprendre l'équitation sur un cheval neuf, c'est viser à l'impossible.

Il faut se borner à apprendre le strict nécessaire aux chevaux qui doivent servir aux classes de troupe pour les préparer au service auquel on les destine, laissant de côté tous les exercices que l'on nomme *haute école* qui ne servent qu'à les ruiner. Cette simplicité est très-difficile à atteindre. Un écrivain de l'empire voisin se plaint de la multitude de systèmes qui ont surgi depuis trente ans, et des milliers de livres que l'on a imprimés sur l'équitation; systèmes chaque fois plus compliqués, « dans lesquels on a fait entrer la statique, la mécanique, les sciences naturelles, » comme pour confondre le malheureux qui apprend à monter.

Un de ces ouvrages, qui n'a pas laissé d'avoir accueil dans le public et a obtenu un rapport favorable de la Commission nommée par le ministre de la guerre pour faire des expériences sur la méthode que développe son auteur, a pour objet, selon ce dernier (1), « d'instruire vite et bien les recrues et les chevaux, en dressant en même temps les uns et les autres. »

Après ce programme, qui, certes, ne manque pas de promettre beaucoup, M. Lancomes-Breves ajoute : « Les leçons suivantes établiront entre le

(1) *Théorie de la centaurisation pour arriver promptement à l'exécution des mouvements de l'ordonnance*, par M. le comte Savary de Lancomes-Brèves.

cavalier et le cheval l'harmonie entre les deux individus, les deux intelligences, les deux sensibilités, les résistances opposées, les deux mémoires, les deux volontés, les deux expressions et les deux centres de gravité. Quand il existera entre eux une union morale et physique, il n'y aura plus qu'une seule intelligence, un seul centre de gravité... » L'*union physique* dépend de la relation intime que l'homme établit entre son système nerveux et celui de l'animal. L'union morale existe quand le cavalier, parlant aux cinq organes des sens, c'est-à-dire à la vue, à l'ouïe, au tact, au goût et à l'odorat, éclaire le cerveau du cheval et y imprime la volonté du mouvement qu'il veut obtenir. »

Cette théorie reconnaît trois agents dans l'homme; ce sont : la main, le corps et les jambes; et celui qui veut régler le travail de ces agents, « doit étudier la tête du cheval au point de vue anatomique, mathématique et physiologique...» « Cette tête contient les cinq organes des sens dans ses cavités et autour de son appareil osseux, et renferme, dans la substance du cerveau, les facultés intellectuelles qui, comme les os du crâne, sont au nombre de sept : la volonté, l'instinct, l'intelligence, l'expression, la sensibilité, la contractibilité et la mémoire. »

A beaucoup, et à nous aussi, tout cela paraîtra bien métaphysique. Néanmoins, M. de Brèves se propose d'instruire les recrues, et dans la seconde partie de son livre, intitulé : *Questionnaire du cavalier,* il assure qu'il a voulu se faire comprendre même des intelligences de second ordre. Pour nous, nous devons être de troisième, car plusieurs mouvements nous ont paru parfaitement obscurs.

Le capitaine B..., aussi de l'armée française, a présenté, il y a deux ans, un nouveau travail intitulé : *Méthode de dressage du cheval de troupe*, dans lequel il suit un système beaucoup plus en rapport avec l'objet qu'il se propose, que ne l'est le précédent. Il ne fait usage d'aucun terme scientifique, et se propose, selon les expériences qu'il a faites, de se faire comprendre par les sous-officiers-instructeurs et les soldats, et d'établir une progression invariable dans l'enseignement. L'Empereur a approuvé cette méthode et l'a fait ajouter au travail individuel; il l'a complétée, en même temps par une instruction sur le tir à l'usage de la cavalerie. Nous désirons que tous les gouvernements suivent l'exemple de nos voisins et témoignent aussi à la cavalerie leur sollicitude.

FIN.

Sceaux. — Typographie de E. Dépée.

www.ingramcontent.com/pod-product-compliance
Ingram Content Group UK Ltd.
Pitfield, Milton Keynes, MK11 3LW, UK
UKHW020916180726
13838UKWH00002B/578

9 782329 413457